表現の自由とメディアの現在史

統制される言論とジャーナリズムから遠ざかるメディア

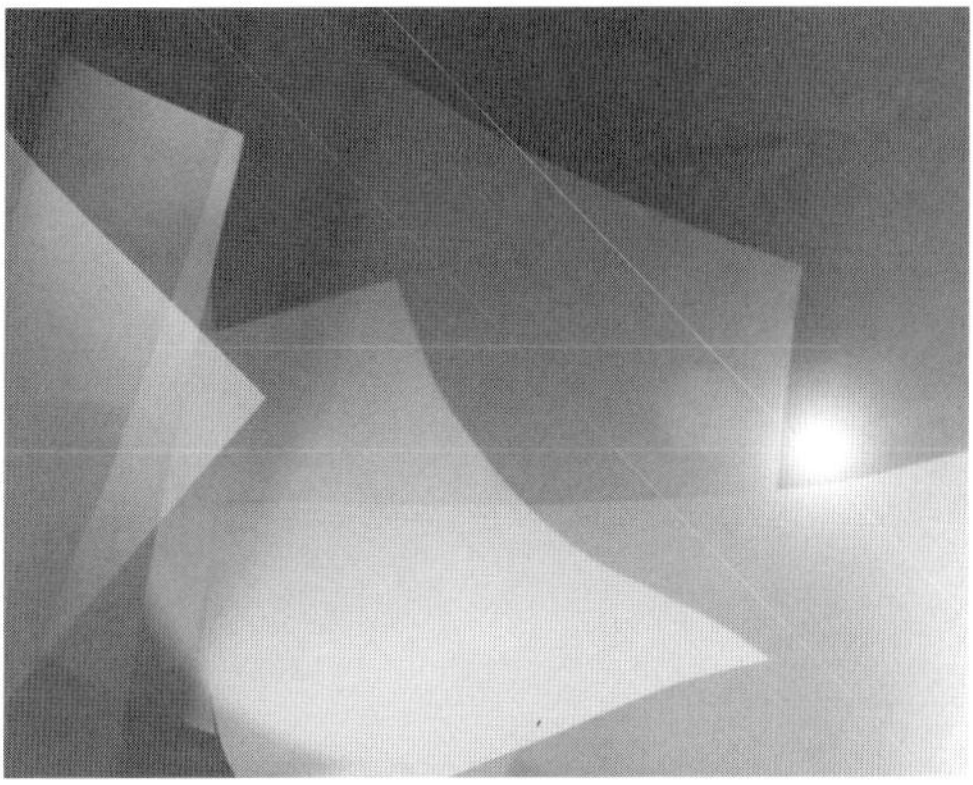

Yasuhiko Tajima
田島泰彦

日本評論社

はしがき

この本で私が究明し、明らかにしたいのは、この国の表現の自由はこれまでどこまで来ていて、これから先どこに向かおうとしているのか、また表現の自由とジャーナリズムの担い手たるメディアはその任務と役割をどう果たし、今後どこに進もうとしているのか、という大切な問題である。

この点について、本書では、表現の自由とメディアをめぐる現在的展開を、前史的な序論の後、二〇〇八年以降の自公政権末期から民主党政権への転換、二〇〇九年からの民主党政権下での動向、二〇一二年自公政権の復活と安倍政権の成立から現在まで、特に具体的な事例やイッシューに即して、立ち入って検討し、考察を加えてみたい。本書のベースになっているのは、表現の自由とメディアに関する時事的な論点につき時々に公表された論考なので、事柄をより臨場感ある形でお伝えできるのではないかと希望している。

著者は、憲法、メディア法を専攻し、特に、表現の自由やメディアの規制を中心に研究を進めてきた。その中で今世紀初頭、表現の自由の視点から個人情報保護法などのメディア規制三法を中心に批判的に吟味する『人権か 表現の自由か』(日本評論社、二〇〇一年)や、有事法制やイラクへの自衛隊派遣も含む表現・メディア規制をまとめた『この国に言論の自由はあるのか』(岩波書店、二〇〇四年）などで、規制と統制が進む表現の自由の危機的事態を指摘してきた。

本書をお読みいただければわかるように、特定秘密保護法や共謀罪法の成立を含め、表現規制や情報統制は、二〇一二年の自公政権の復活と第二次安倍政権の下で急速に進展した。が、その前に展開したメディア規制三法や軍事的情報統制がそれを準備し、その土台を築いたのも確かだ。また、共通番号制や秘密保全法制を民主党政権が用意し、自公政権がこれを受け継ぐことになった点も見逃せない。さらに、こうした表現規制や情報統制の強化のなかで、メディアはそれに毅然と対峙できず、権力を厳しく監視するジャーナリズムの役割を担い切れないことにも留意が求められよう。

この国の表現の自由とメディアの現在を直視すると絶望感にもさいなまれるが、表現の自由や知る権利、権力を監視するジャーナリズムが、市民社会と民主主義に欠かせないのも自明である。こうした自由と権利を取り戻し、メディアを再生するために、本書が一定の提起を果たせれば幸いである。

厳しい出版事情のなか、法学セミナー編集長の柴田英輔氏と（日本評論社・）社長の串崎浩氏に格別の尽力を頂き、感謝申し上げる。

本書のもととなっているのは、『週刊金曜日』をはじめ『時評』も含む諸雑誌等で既に発表された論考が大部分を占めているので、その初出の概要を記しておく。

『週刊金曜日』の論考の大部分は、同誌連載の「メディアウオッチング」欄に掲載されたもので、同欄は当方も含め四名で担当し、ほぼ一か月ごとに当方の論考も執筆、掲載された。その間、二〇一七年の秋の当欄の廃止までの二〇一〇年一月から二〇一七年九月まで、月一回、年一二回のペースで、計約百本ほどになったものが、本書の中心をなす第2章と第3章を構成している（ただ、数が膨大なため、以下では個々の号数の出典は省くことにした）。

序章　自公政権下化の表現規制とメディア
「統制される言論とジャーナリズムから遠ざかるメディア」『法の科学』三八号（二〇〇七年）
第1章　自公政権から民主党政権へ
第1節「緊急提言・法の枠組みそのものに問題がある個人情報保護法」『時評』二〇〇一年一月号
第2節「集中連載・ジャーナリズムを読む」『時評』二〇〇九年四月号〜九月号
第3節「インタビュー・報道の多様性を奪う、官への取材規制」『時評』二〇〇九年一二月号
第2章　民主党政権下の表現の自由とメディア
『週刊金曜日』連載の「メディアウオッチング」欄寄稿の二〇一〇年〜二〇一二年分の論考（最初の七八三号から最後の九二二号まで）
第3章　安倍政権下の表現の自由とメディア
『週刊金曜日』連載の「メディアウオッチング」欄寄稿の二〇一三年〜二〇一七年九月分の論考（最初の九二六号から最後の一一五三号まで。ただし、二〇一二年中の九〇二号〔七月六日〕も含めてあ

る）。なお、当欄以外の論考を掲載した九七〇号（二〇一三年一一月二九日）、一〇〇五号（臨時増刊号。二〇一四年四月一七日）、一〇四八号（二〇一五年七月一七日）も加えてある。

第4章　表現の自由とメディアの現在

第1節

1　「迷惑防止条例改正」『週刊金曜日』一一七八号（二〇一九年三月三〇日）
「人権条例」新稿

2　「表現の自由が向かう先」『世界』二〇一八年六月号の一部

3　新稿

4　「出版の自由の試練と課題」『風と言葉と出版——出版労連結成六〇周年記念誌』（出版労連、二〇一八年）
「『新潮45』休刊と雑誌ジャーナリズム」「市民社会における雑誌ジャーナリズムの役割」出版労連出版研究室ウエッブサイト、二〇一八年

5　「表現の自由が向かう先」『世界』二〇一八年六月号の一部

第2節　「言論の自由からみた社外言論」『労働法学研究会報』二六八九号（二〇一九年）

第3節　「公文書の隠ぺい・改ざんを考える」『季論21』四三号（二〇一九年）中の「2　政府の取組と公文書管理法の改革」

〔目　次〕

第4章　表現の自由とメディアの現在　二〇一八年〜

序章　自公政権下の表現規制とメディア／前史として
～二〇〇七年

本書は、二〇〇八年から現在までの、自公政権末期から民主党政権の成立と展開、これに続く自公政権の復活と安倍政権の展開における表現の自由とメディアについて、具体的な事例に即しつつ検討しようとするものだが、二〇〇八年から現在までの表現の自由とメディアのありようは、無前提に、突然展開した、というわけではもとよりない。

つまり、第1章以後で展開される表現の自由とメディアのあり方は、それ以前の自公政権下で形成された枠組みや制度を踏まえて継承、発展したものと考えられるからである。そこで、第1章以降で扱われる時期（二〇〇八年から現在）のいわば前史として、序章においてその時期以前の自公政権下における表現規制とメディアにつき、その動向や特質を手短に整理しておくことにする（二〇〇七年時点でまとめた論考をベースにしている）。

第1節　広がる言論・メディア統制とその特質

1　「市民的価値」を掲げた規制

二一世紀に入る前後から、表現・メディアを規制する立法が次々に制定され、あるいは制定の機会をうかがっている。その典型例は、メディア規制三点セットないしメディア規制三法などと称される、個人情報保護法、青少年「有害環境」規制法案、人権擁護法案である。裁判員制度の導入もこれに加えていいだろう。

二〇〇三年の四、五月、行政機関個人情報保護法も含む関連四法とともに、個人情報保護法が衆参両院で可決成立した。一部報道等の適用除外も定められているものの、個人情報をめぐるメディアの報道や市民の表現は広く規制を受けるおそれが強い。人権擁護法案は二〇〇二年に上程以来継続審議を重ねてきたものの二〇〇三年の臨時国会で廃案となったが、先の法案に修正を加え、国会に再提出する動きがある。この法のもと、差別表現とメディアによる人権侵害をも行政機関の規制対象とされることになれば、表現の自由は重大な制約を課されることになろう。

青少年「有害環境」規制立法については、自民党の内閣部会に設置されている小委員会が、二〇〇三年六月、従来準備してきた単一の法案を、健全育成基本法案と自主規制法律案の二本立ての骨子案として再編・整理した後、翌年三月健全育成基本法案が自民、公明議員の共同提案の形で国会にはじめて上程されたが、六月に審議未了廃案となった。法案が制定されると、青少年保護を名目に、政府による広範な規制と官製の「自主規制」によって表現の自由が狭められるおそれが強い。二〇〇四年六月、「裁判員の参加する刑事裁判に関する法律」が可決成立した。裁判員等に評議の守秘義務を課し、職務上知りえた秘密の漏洩を処罰し、裁判員等の接触も禁止・制限し、裁判員等の氏名など個人情報の公表も禁止するなど、表現・報道の自由を厳しく制限する規定が含まれている。

こうした規制立法の詳細をここでは検討する余裕がないが、これらに共通する特質として以下を析出することができよう。一つは、「市民的介入」とでも言うべき点である。これらの規制はいずれも、「人権」や「個人情報」など市民的な価値や利益を掲げて表現やメディアへの規制を図ろうとしていることである。介入や規制の根拠とシンボルがこのような「市民的価値」に求められる結果、これらの価値がそれ自体誰もが反対しにくい普遍性を持つがゆえに世論の支持を調達しやすい効果をもち、世論に支えられた形で法の制定が推進されるとともに、表現やメディアを国家規制の枠組みに巧妙に取り組むことも可能となるのである。また、このことは、国家が自己の利益のために強権的に介入するという凶暴な牙を隠し、市民や世論の要請を受け規制を加えるという概観を装う格好の口実となる。

もう一つは、人権やプライバシーなど「市民的法理の構造転換」とも言うべき事態である。ここでは、人権などの法理が国家権力を拘束し、制約を加えることによって権力の濫用を防止するという役割から、国家がこのような価値を保護し、実現する担い手として強力な規制権限を付与され、市民社会への介入を強め、表現やメディアの活動を取り締まることを正当化する根拠へと、重大な転換が見られる。市民が権力を縛る武器として獲得したはずの人権などの市民法理は、官による民の支配の手段として換骨奪胎され、主客転倒されてしまったわけである。これはいわば市民法理の武装解除であり、国家のさらなる復権と市民・社会のいっそうの衰退を刻印し、盗聴法や住基ネットなどで着々と歩みつつある監視社会への道をさらに進めることに他ならない。

2 「国家の安全」「軍事的価値」の全面化と報道・情報体制

表現やメディアをめぐる規制・統制は「市民的価値」を名目にした諸々の手法とともに、これとは異なる新たな次元を生み出しつつある。「国家の安全」や「軍事」「有事」を掲げた、よりストレートで国家主義的な介入、規制を図る動きが顕著になってきたからである。その先駆けは、一九九九年に成立した盗聴法（通信傍受法）にすでにみられるが、そうした動きが突出し、「国家の安全」や「軍事的価値」の全面化とそのもとでの報道・情報統制が進められていくことになるのは、二〇〇一年九月のアメリカでの同時多発テロ以降の事態である。

まず、同年一〇月、テロのどさくさにまぎれて、自衛隊法の改正という形で、「防衛秘密」法制が成立した。これは、かつて国民の強い反対で挫折した国家秘密法案の部分的導入に他ならない。その後、二〇〇三年には、有事関連法の一つである武力攻撃自体法の制定により、政府の有事対応にメディアも組み込む「指定公共機関」の制度が定められ、これは二〇〇四年六月に可決成立した国民保護法でさらに具体化された。自衛隊のイラク派兵をめぐり、二〇〇四年三月、イラクでの自衛隊取材に関するルールにつき、防衛庁は日本新聞協会と日本民間放送連盟に合意し、防衛庁発行の取材員証等の許可がない限り取材が認められず、現地部隊の円滑な任務遂行に悪影響を及ぼす情報については防衛庁・自衛隊の同意がない限り報道も許されないなど、メディアは厳しい取材・報道規制にさらされることになった。

二〇〇六年一一月、菅総務相は、北朝鮮による拉致問題を重点的に扱うようＮＨＫに対して放送命令を発した。これは、ＮＨＫの短波ラジオ国際放送について、放送法の規定に基き発せられたのだが、従来は「国の重要な政策」など抽象的な大枠が示されただけだったが、今回初めて個別具体的な課題が命じられた点で政府の放送介入という性格がいっそう明白になった。

このように、表現やメディアに対する規制・統制は、〝国家の安全〟や〝軍事〟〝有事〟が公然と復権し、全面化しつつある。有事法制などによる日本国家の軍事化の進展は、表現やメディアの領域も確実に侵食しつつある。強められつつある国家秘密法制は、軍事情報につき自由な取材や報道を抑圧し、軍事情報を市民の知る権利の及ばない秘密の聖域と化してしまいかねない。また、有事法制が定める指定公共機関は、有事に際しメディアを政府のプロパガンダの機関に組み込むことを意味し、メディアの独立と自立の喪失に他ならない。イラク取材・報道はある意味で有事体制を先取りする事態であり、戦時検閲をはじめ、まさに戦時下にあるといっても過言でない状況があった。政府が放送の中身を命じる放送命令も、放送の自由と独立を乱暴に侵害する異常な事態である。

3　市民の思想・言論の自由への介入・規制

「市民的価値」を掲げたメディア規制三法や「国会の安全」や「軍事的価値」の観点からの一連の規制は、報道機関ないしメディアを主たるターゲットとし、それに照準を合わせるものが少なくなかった。その理由は、国民の同意や動員を支える重要なイデオロギー装置であるメディアに対して、統治する側が意識的に働きかけた結果であるが、ここに来て注目されるのは、政府に反対する市民の言論を乱暴に抑圧する事態がこの国に生まれつつあることである。

特に、自衛隊のイラク派兵（二〇〇四年）をめぐり、ビラ配布やデモなどの市民のプロテストが刑事弾圧されたり、過剰警備で逮捕されたり、公園のトイレに「戦争反対」と書いただけで逮捕され刑罰を受けたりなど、表現の自由があからさまに侵害され、抑圧され、過剰な政府規制にさらされつつある。ビラ配布に対してはイラク派兵関連のほかにも、市民が逮捕、起訴される事件が続いた。

東京都の教育委員会は、二〇〇三年以降、都立学校の卒業式などで教員への日の丸・君が代を強制し、思想・良心の自由を踏みにじる状況が生まれた。また、卒業式開式前に君が代強制を扱った週刊誌記事のコピーを父母に配った元教員の自宅が強制捜索される事件も起こっている。さらに、二〇〇四年四月には、イラクでの邦人拘束事件に際して、拘束された三人の行動が激しい非難やバッシングの対象となり、言論を封殺されたことも記憶に新しい。

言論の自由や思想・良心の自由をはじめとする市民的自由は、民主主義国家の最も基本的な自由と権利であり、憲法でも明確に保障されているにもかかわらず、この国では政府批判を異端視し、封殺する異常な社会的風潮が強まり、政府に批判的な言論や思想はますます許容されにくい現実がつくられつつある。

4　規制の全面化

表現・メディアを規制し、統制するこの間の主要な担い手は、市民的な価値を掲げたメディア規制三法であれ、また軍事や有事の観点からの措置であれ、多くは規制立法の導入、制定という形をとった立法権力であった。しかしながら、言論やメディアを統制するのは規制立法の増殖にとどまらない。警察や自衛隊を含む行政権力や司法権力も規制を強めている。

行政権力について言えば、先に見たビラ配布等の市民のプロテストに対する逮捕や起訴の権限行使は警察、検察に属するし、同じく前に述べたイラクに派兵された自衛隊への取材ルールをメディアに合意させたのは防衛庁・自衛隊である。警察はまた、被害者の人権などを掲げて事件・事故の際匿名広報の慣行を拡大している。こうした傾向は、全面改正され、一足先に施工された行政機関個人情報保護法に加え、二〇〇五年四月、個人情報保護法が全面施行されることに伴って、一気に全面化した。個人情報保護を理由に、警察や中央・地方の行政機関では、被害者・犠牲者等の匿名広報が増大し、公共的な意義をもつ情報が不当に隠され、情報公開が狭められる動きが顕在化し、広がった。また、犯罪被害者保護等基本法の制定を受けて、二〇〇五年一二月、策定され、閣議決定された犯罪被害者基本計画には、犯罪被害者の実名、匿名の発表を警察の判断に委ねる旨の項目が入ることになった。二〇〇四年三月の東京地裁による週刊文春への二度にわたる出版差し止め命令に象徴されているように、差し止めの容認と拡大、名誉毀損判断における真実性や相当性などの免責要件の厳格化、プライバシー判断における個人情報への肥大化、メディア訴訟での損害賠償の高額化など、表現の自由や報道の自由を狭める方向で司法も介入・規制マインドを強めている。

規制を求めているのは公権力だけではない。在野の法曹集団である日弁連は法務省による人権擁護法案の提案に先立つ二〇〇二年一〇月、表現・メディアも広く含む法定人権機関の設置を提唱したし、筋弛緩剤事件の報道をめぐり仙台弁護士会は二〇〇三年一一月、朝日、毎日、読売各社を含む新聞4紙に対し、人権侵害報道があったとして勧告書を公表した。また、日弁連は、裁判員制度を積極的に推進したが、法律には裁判員等の守秘義務や接触禁止などによる表現・報道の自由や取材の自由を侵害する危険が高い。このように、日弁連の主流派は、法務省との協調路線を進め、言論・メディア規制へと向かっているように見える。

市民や世論は、一般に人権・プライバシー侵害や集団的過熱取材（メディア・スクラム）の深刻化などもあり、メディアへの不信感、疎外感を強め、これにも乗じて権力による介入・規制が勢いを得ている現実がある。世論もまた、表現・メディア規制に向かっている重要な要素である。

5　憲法改正の射程に据えられた表現の自由

言論・メディアをめぐる規制が全面化していくと、政府に統制されない自由な言論と権力から独立したメディアという憲法21条が保障する表現の自由の核心的部分が変質され、表現の自由条項は事実上改訂されたに等しい、重大な局面を迎えることになる。これを踏まえ、展開していく新たな段階は、憲法改正によって表現の自由を憲法次元のレベルで改変し、従前の立法等による規制の実質的な改変の総仕上げを図り、名実ともに表現の自由に最終的な止めを刺す課題である。言論・メディアの領域における国家改造政策は、これにより基本的な完成を刻むことになろう。

憲法改正問題は、二〇〇五年頃を中心に、自民党などの憲法提案や国会両院の憲法調査会報告（二〇〇五年）をはじめ、表現の自由を保障する二一条自体の改変を主張する声が公然とあげられ、表現の自由そのものが会見のターゲットとしてそのアジェンダに正面から据えられる事態を迎えたが、表現の自由の改変論に立ち入る前に、憲法改正の前提となる手続法である国民投票法が、与党の賛成により二〇〇七年五月に可決成立したことが注目される。従前提示された露骨な報道規制条項は最終的には取り下げられた一方で、広報協議会による公報等の周知活動の展開や政党等による無料のテレビ・新聞広告の制度が新たに導入されるなど、与党案の大きな流れが、全体として規制から情報・メディアの操作、利用へと規律の関心・力点が移動しているように見えること、にもかかわらず、投票2週間前からの放送広告禁止というダイレクトな規制が導入、制定されたことなど、法律には表現・

報道の自由の観点からも重大な問題が少なくない。

二一条改憲にはいくつかのタイプがあるが、なかでもプライバシーなどいわゆる「新しい人権」を導入・明記し、これが表現・メディア規制として現実に機能するおそれが特に警戒され。問題なのは、憲法調査会などでの議論を見ると、プライバシーは国家権力への対抗、拘束法理としてではなく、メディアの牽制をはじめとする市民社会への規制をもっぱら念頭に導入が企図され、表現・メディア規制の一環として構想されていることである。本来の人権観念からの著しい逸脱である。

さらに重大なのは、自民党の新憲法草案（二〇〇五年）や民主党の憲法提言（二〇〇五年）、読売新聞の改憲試案（一九九四年）など、このようなプライバシー観念を自己情報コントロール権的なものとして、さらには個人情報保護の保障として規定する提案が現れていることである。このように自己情報コントロール権や個人情報保護の保障として拡大強化されたプライバシーが、公権力ではなくメディアや市民の表現に向けられたとき、さまざまな表現・メディア規制は合憲なものとして追認されるとともに、さらなる規制が導入・正当化され、表現・報道の自由や知る権利は名実ともに息の根を止められることになろう。

第2節　ジャーナリズムから遠ざかるメディア

それでは、以上のような支配層が推し進める「言論・メディア統制に向かう国家」戦略の方向に対して、ジャーナリズムの担い手であるはずのメディアはどのように対応しているのだろうか。結論的に言えば、新聞やテレビなどのメインとリームメディアを中心に、支配層によって進められてきた言論・メディア統制に対峙し、反対を貫けず、また政府からの独立性や自立性を弱め喪失し、市民の立場に立って、権力へのチェックと監視を衰弱させつつあるだけでなく、さらには権力に擦り寄り、支配層が望む改憲へと国民を誘導し、国民を積極的に動員しようとする傾向と現実さえみられる。

1　言論・メディア規制に対峙しないメディア

日本のメイン・ストリームのメディアは、表現・メディア三法をはじめとする言論・メディア統制を確固として批判し、反対してきたとは言えない。ジャーナリズムの生命線である表現・報道の自由に対峙できないメディアとは一体何なのか。

二〇〇三年に個人情報保護法通過を許したメディアの対応はその典型といえよう。メディアは当初、新聞協会や民放連などの有力な業界団体も含め、フリーの作家やライターなどとともに、一致して批判・反対のスタンスを取り、強力な論陣と反対運動を展開し、法案を阻止するうえで重要な役割を果たしたのは確かである。しかしながら、メディアへの配慮を広げる法案修正の動きが強まり、基本原則削除などを含む修正法案が提出されると、メディアの法案への批判と抵抗は急速に薄れ、国会審議に入ると、野党や世論の激しい抵抗の欠如も与って、あっさり通過してしまった。

ここで特徴的なことは、第一に、法案修正により、一致して法案反対のスタンスを取ってきたメディアの間に分岐と分裂が生じ、新聞で言えば、朝日、毎日、東京などが反対を堅持したのに対して、読売、産経などが賛成に転じたことである。新聞協会は法案反対で貫くことが困難となり、反対の力が著しくそがれることになった。共同通信も批判的スタンスを事実上覆すことになった。

第二に、朝日、毎日、東京などは修正法案に対しても批判的な立場を維持し、放送界も決して賛成に転じたわけではないが、法案修正を機に、明らかにそのトーンは急速にダウンした。少なくとも、従来示された反対の強烈なエネルギーはこうした批判的なメインストリームメディアからも消えうせ、法案の通過を事実上傍観し、厳しく言えば表現の自由を見殺しにした。この中で、反対の声を最後まであげたメディアは、メインストリームメディアが日頃さげすむ雑誌メディアだったことは皮肉である。

第三に、こうしたメディアの反対の流れを変え、法案の成立を促した法案修正の提案は、二〇〇二年五月、ほかならぬメディア自身である読売新聞によってなされたことは記憶しておく必要がある。

法案のもっとも強力な反対者であったメディアの一員のこの変節は、法案成立の最大の功労者と言えるかもしれない。

メディアが表現・報道の自由を貫けず、言論統制に屈したもう一つの典型例は、前にも示したように、二〇〇四年、イラクに派兵した自衛隊に対する取材・報道規制にも見られた。ここでは、防衛庁発行の取材員証等の許可がない限り取材ができず、防衛庁・自衛隊の検閲による報道も許容するなど重大な規制にメディアも服することになったのだが、現行憲法が表現の自由のために厳しく禁ずる検閲を当のメディア自身が受け入れてしまったことは、まさに重大な歴史的汚点と言わなければならない。

今回の取材・報道ルールは、イラク戦争に際してアメリカ軍が採用したルール（エンベッドルールと言われる）をもとに作成したと言われるもので、まさに戦時を前提としたルールであるが、非戦闘地域に復興人道支援という非軍事活動に従事していると説明される自衛隊の活動を取材、報道するのになぜこうした戦争を前提とした戦時のルールを結ばねばならないのか、そもそも根本的な疑問が生ずる。新聞協会や民放連というメディア団体がなぜメディアを束ねて足並みを揃え、取材・報道の自由を統制することになったのも、防衛庁の意向から、リアルタイムでの途中経過報道をすることなく今回のルールづくりが進められたのも、ジャーナリズムや表現の自由の本質に背馳している。

サマワの治安情勢が悪化するなか、自衛隊の要請に応じて、早い段階で（二〇〇四年）報道各社は揃って現地から撤退し、政府・自衛隊の〝大本営発表〟だけがまかり通る事態が生じた。イラクの自衛隊の活動は、独立したメディアやジャーナリズムによる取材や報道によって検証され、精査されることなく行われたことになる。また、有事法制が発動されたわけではないのに、有事・戦時に特有の言論・報道統制が既に先取り的に始まっていることになる。

2　権力・政治からの独立・自立を喪失するメディア

権力を監視・チェックするメディアが報道機関やジャーナリズムの役割を果たすためには、表現・報道の自由とともに、権力や政治からの独立と自立を確保しなければならないが、その衰退、喪失が進んでいる。

権力や政治の介入が常態化し、それに擦り寄る傾向が著しいのは、NHKである。それを象徴しているのが二〇〇一年一月の番組改変問題である（二〇〇五年一月に朝日新聞が報道）。安倍、中川両氏とNHK側は番組への圧力を否定するが、政治家との接触があり、その後制作現場の強い反対を押し切り、政治家側の意に沿う形で番組の重要な変更が行われたわけだから、政治的圧力や介入があったと考えるのが自然であり、合理的である。そもそも、放映前にここの番組につき特定の政治家に会い、説明を行うことについて、NHKは「通常の業務遂行の範囲内」とし、今回も安倍氏らとの面会もその一環に過ぎないという。だが、特定の政治家にここの番組につき放映前に説明するなどということは、権力や政治から独立してそれを監視し、チェックする役割を担う報道機関としては信じがたい感覚であり、これが何の疑いもなく日常的に行われている現実に愕然とせざるを得ない。

NHKは予算・決算・人事の承認権を国会に握られていることも与って、総合企画室を根城に政治部記者出身者が国会対策と称して与党議員に対し根回しや取引を行うという、不透明な密室工作により事を進めてきた。二〇〇〇年には、森前首相の「神の国発言」釈明記者会見に際し、その対処策をアドバイスする「指南書」を書いたのはNHKの記者ではないかと疑われた。放送局を指定公共機関として政府の有事体制に組み込むことも、総務大臣が北朝鮮による拉致問題を重点的に扱うよう国際放送に命令を発することも、NHKはこれらに反対せず、是認した。

しかし、NHKが抱える権力や政治からの独立や自立という課題は、民放や新聞などの他のメディアも無縁でない。メディア全体が権力の側に軸足を移し、そこに取り込まれ、権力批判のスタンスを後退させつつあるように感じるからである。たとえば、有事法制のもと指定公共機関（ないし指定地方公共機関）に指定され（二〇〇三年、二〇〇四年）、これを受け入れたのはNHKだけではなく、指定された民間放送局もすべてこれを受け入れた。また、新聞の中には一部批判的報道もあったものの、少なくとも新聞は指定公共機関の対象とされていないこともあって、全体として報道の独立と自由を厳しく吟味する姿勢は見られなかった。メディアが「指定（地方）公共機関」として政府の有事体制に組み込まれ、政府や知事から一定の放送を義務付けられることは、放送の自由と独立に根本的に背馳し、政府を監視する報道機関の役割と本質的に相容れない仕組みであるにもかかわらず、これに抵抗し、反対を貫けないメディアとは一体何なのであろうか。

権力との緊張関係の希薄化と権力の癒着は、政府や自治体の各種審議会に大量に参加するメディアとその関係者の行動にも窺われる。審議会政治の手法は、統治の不可欠のプロセスであり、重要な要素であり、統治の一環であるにもかかわらず、審議会に参加するメディア関係者は権力をチェックし、監視する立場から報道する観察者としてではなく、自ら政治の当事者であるアクターとして統治にコミットし、関与することになる。ジャーナリズムの原則的観点から、権力や政治からの独立と自立のために、審議会への参加に批判的な姿勢を堅持するメディアはまったくの少数にとどまり、圧倒的多数のメディアとメディア関係者は何の疑問も抱くことなく参加を続けているのが実情である。

3 改憲に傾くメディア

改憲に傾くメディアを代表するのは改憲イデオロギーを唱導する読売新聞である。一九九四年一一月、読売新聞は改正を施した条文を付したうえで自らが公表した憲法改正試案を大々的に報じ、その後、二〇〇〇年、二〇〇四年にも二次案、三次案の試案が提案された。新聞がこのように改正条文の形で自らの改正提案を示すのはきわめて異例のことであり、戦後例を見ない出来事だった。改正は多岐にわたるが、改正の目玉は九条の改変で、欧米諸国並みに、自衛軍の創設をはじめ、軍事的な価値を認める「普通の国」を志向しようとするものである。

改憲試案は当初ジャーナリズムや学界では正面から論じられるというより、むしろ無視された嫌いがある。しかしながら、その長い射程で見ると、試案は改憲動向に大きなインパクトを与え、重要な先導的役割を果たしたと言える。改憲勢力が国会を圧倒的に支配していても、九条改正はいまなお改憲と護憲が改憲と護憲が拮抗しているとはいえ、改憲世論が多数を占めるという現在の状況から程遠かった当時に果敢に改憲の提案を大胆に行い、今日のような改憲状況を作り出したうえで試案の意義は計り知れないものがある。

そのような役割を担えた理由の一つは、試案が現代的改憲論のベースを提示し、改憲論の決定的転換の先導役を果たすことができたからである。すなわち、試案は、単純な復古ではなく、「護憲的」トーンを基調とした心中主義的な現代改憲論の先駆をなすものであり、日本国家が向かいつつある欧米並みの「普通の国」を志向する改憲論であったからである。また、試案は、改憲へ向けた世論の創出と誘導、改憲論議の議題設定という点で重要な役割を果たしたと思われるが、それは、政党やその他の政治、社会集団とは異なり、メディアによる改憲論として固有のインパクトを発揮しえたからである。1千万部の読者を擁し、構成報道を掲げるジャーナリズムが伝える改憲の提案は政党等による提案がもちえない広い基盤と特有な効果をもつと考えるのが自然である。いずれにしても、読売新聞は憲法問題の観察者としてではなく自らアクターとしてその表舞台に登場することによってジャーナリズムの一線を踏み越えた巨大な政治運動としてコミットすることになった。

もっとも、読売のような改憲論が新聞メディアを圧倒しているわけではない。全体的には、新聞社の数から言うと護憲的論調が圧倒し、部数のうえでは改憲論調も四割を占めるものの、なお護憲的論調が優勢である（二〇〇五年、二〇〇六年頃の時点）。注目されるのは全国紙とブロック紙・地方紙の相違であり、全国紙では読売、産経、日経の三紙が改憲を明確に主張しているのに対して、朝日、毎日の二紙は基本的には護憲的スタンスを維持し、このように全国紙のうえでは改憲論が優勢な状況にある一方で、地方では護憲論的な論調が圧倒していることがわかる。

もう一つは、護憲をめぐる動揺にも触れておく必要がある。朝日、毎日の全国紙は基本的には護憲的論調の枠にとどまっているとはいえ、たとえば毎日の場合には「論憲」の立場を明らかにしてきたし、朝日について言えば、民主党と同じく有事法制賛成に転じるなど、護憲論の動揺が見られるのも確かである。

また、読売新聞の改正試案に引きずられてか、護憲や改憲などの論の提示にもっぱら力を注ぐ傾向が新聞には見受けられるが、新聞にもっとも求められるのは、憲法の論点をめぐる多様な判断材用の提供であり、特に人権であれ、平和であれ、憲法が置かれた現実を丁寧に取材し、問題を抉り出し、社会に提起する、そうした現状批判としてのジャーナリズムの役割である。

なお、テレビの憲法論議について一言記しておくと、メディアの劣化は著しく進行しており、国会議員等を除くとコメンテーターなどほぼ改憲派に占拠された感があり、健全で理性的な憲法論議が成り立たない状況がある。

第1章　自公政権から民主党政権へ／表現の自由とメディアの動向

二〇〇八年〜二〇〇九年

第1節　個人情報保護法と情報統制

1　明らかに行き過ぎな、事件後の措置

二〇〇八年秋、元厚生省次官が相次いで自宅にて襲撃されるという痛ましい事件が起こった。犯罪自体は社会的に許せぬものだが、同時にその一方、健全な市民社会にとって非常に問題のある措置が取られた。すなわち霞が関の主要な省庁のホームページから、幹部役職者の一覧が削除された（その後、一部復活したところもあるが）。また国会図書館等の図書館で官僚の職員録等が閲覧禁止や制限をされる動きが進んだ。

これは、事件の全容が明らかになる前から警察庁や政府関係者の見方を受けてマスコミ等で、〝政治テロ〟もしくはその可能性を想起させる報道がなされたことなどに由来すると思われるが、明らかに行き過ぎた反応だ。官庁にどのような官職があり、かつ誰がいまその任にあたっているのか分からないというのは公務の基礎を国民が知り得なくなることである。また図書館の閲覧禁止は、言うまでもなく市民が情報にアクセスするのを著しく阻害するものだ。しかも、事件がまだ解明されていない段階であったにもかかわらず、個人の役職や住所が明らかになる情報の公開を控えようとするのは過

剰であると言わざるをえない。また、万が一仮に官僚およびそのＯＢを対象としたある種の政治テロであったとしても、その防衛については本来警備面等で対応すべき問題であって、国家公務員幹部という政治家と並んで国の在り方に大きな影響力を有する公人中の公人の情報を一律すべて抹消してしまう、あるいは公表しなくなるやり方というのは、やはり民主的な対応とはとうてい言えない。この論法を極大化すれば、最もテロの標的になりやすいという理由で、総理大臣の名前も役職も明らかにしないということにもなってしまう。むろんブラックジョークだが、実際に悪質な冗談に近いようなことが、少なくとも根柢の部分で同質である状況が、いま現実に起きているのだ。

今回のような情報を遮断する発想が生まれる背景は、言うまでもなく二〇〇三年に成立・施行された（二〇〇五年に全面施行）個人情報保護法に起因する。逆に言うと、今回の事件をめぐる一連の措置は、同法施行にともなう各種過剰反応の象徴であると言えるだろう。実際に、同法をめぐっては施行の直後から、児童・生徒の住所・電話番号が明らかにされないために、クラスの緊急連絡網が作成できない、といった日常生活に支障を生じる事例が立て続けに引き起こされた。私が初期に接した例でも、学校の保健の先生が、あるとき生徒の一人が体調を悪くしたので病院に搬送し、どのような病状かドクターにたずねたところ、病気の内容は生徒の個人情報なので、親の同意がないとお話しできない、と言われたそうだ。保健の先生が学校の現場において生徒の体調を把握するのは職業上の責務だが、個人情報を理由にされると、こうした他の職務にも影響が出るのである。また、個人情報の観点という理由で医師や看護師の国家試験において、合格者の名前を公表しない、あるいはカタカナ表記での発表にするなどの動きもあったし、さらにいびつな例では選挙における立候補者が選挙管理委員会を通じて経歴を明らかにしないため有権者はその名前しか分からないという、首をかしげたくなるような事例があとを絶たなかった。

そうした過剰反応の延長線上に、今回なされた公的情報の遮断が位置づけられると思われる。キャリアの国家公務員は定期的に役職を異動するが、その履歴や学歴は公けに携わる者に不可分な、まさしくパブリックな情報である。たしかに個人的なプライベートな情報は秘匿されるべきだが、官庁の役職における職務の履歴は、市民が行政執行のありかたを正しく判断する非常に貴重な資料にほかならない。ところが、個人情報の保護を理由に、少なくない官庁が官僚の経歴や出身大学を公表しないようになってきた。ことに、警察官等を含めて公務員が何らかの不祥事を起こした場合、その氏名が公表されないのは情報の開示という公共の利益に反することにもかかわらず、これも公表しない例が増えている。今後もさらに、こうした事例が拡散していくのでは、と憂慮している。

2　公と私の峻別なき、法の理念

ではなぜ、個人情報保護法の施行によって、このようなおかしなことが起こるのか。それは取りも直さず、こうした情報の遮断こそが同法の要諦であるからだ。私は当初から、この法律の考え方そのものが情報の公開を阻害する内容であるととらえ、法自体に疑問を呈してきた。この法律を施行すると、とくに公的な情報を隠す方向へ作用するメカニズムがはたらいてしまう、と。

同法においては保護の対象となる「個人情報」とは、収集する段階であれ、管理する段階であれ、さらには利用する段階であれ、「……特定の個人を識別することができるものをいう」(第一章第二条抜粋)と定義しているが、まさにこの記述に問題の本質が表れている。つまり、個人に関する情報の内容が、純粋に私的な情報であるか、もしくは公共的な情報であるか、その識別のないまま、すべて一律に個人の情報である、としているのだ。そのため、個人が識別されるのであれば、その内容が公共情報に属するか否かを問わず、すべて保護という名の秘匿が可能になってしまうのである。これではいくら公共の情報であっても、個人の特定に抵触する可能性があれば明らかにされない。個人情報保護法の最大の問題点は、この部分に集約されているのである。

私はこの点、個人情報と言っても、いわゆるプライバシーとは異なるのだと指摘してきた。プライバシーについても様々な考え方があるが、基本は文字通り、プライベートな情報であり、ことさらに明らかにする必要のない、したがってむやみに暴こうなどとしてはいけない情報である。例えば、政治家や官僚であっても家族・夫婦関係や病歴・病状など、一般の立場にあっても公表されたくない情報の類だ。しかし逆に、プライベートな内容ではなく、多くの人が知らなければならないような情報はプライバシーの保護の対象にならない。そうでなければ、市民の知る権利や情報の公開、それらを前提とした表現の自由等々の、民主社会を形成するもう一方の要素が侵害されるからである。よって、守られるべき個人のプライバシーと、公けにすべき公的情報とは、それぞれ大事にすべき価値として、常に一定のバランスを取りながら均衡を保つことが重要になる。

にもかかわらず、現行の個人情報保護法はこの原則にもとる、個人に係るすべての情報を保護の名のもとに覆い隠してしまう法律なのである。その先にあるものは、市民が必要な情報にアクセスすることができず、得られた情報の内容について議論することもかなわず、政治や行政のありようについて結論や判断を下す材料が手に入らない、匿名社会の現出にほかならない。したがって、巷間で起きている過剰反応は、単に運用上の誤りなのではなく、個人情報保護法自体に問題が内包されているのだ。

3　メディアにも情報制限の責任あり

また、今回の事例に限らず個人情報保護法の制定と施行には、メディア、それも日本を代表する大手のメディアが深く関与していると言えるだろう。法施行後、フリーで活動しているジャーナリストなどは、正当な取材が困難になるのはもちろん各種資料やデータのアクセスが非常に困難になると聞く。それに対して大手のメディアであれば、記者クラブ等を通じて公官庁に関するある程度の情報、少なくともフリーのジャーナリストが得られるよりはるかに多い情報を入手できるだろう。むろん、フリーはフリーで、本来ならば大手メディアでは逆に書けないような、言わばフリーならではの情報を発信することができるはずだし、そこに彼らの存在意義もあるはずである。しかし、そうしたジャーナリズムが基本的な情報やデータに接する方途を閉ざされるというのは、単にその人個人の問題ではなく、最終的に情報の受け手である市民にとっても、提供される情報の多様性・多元性が制限されるという意味で、われわれ市民社会が失うものも極めて大きいと言わざるをえない。多様な取材や報道が可能であることが民主社会の一つの側面なのだから。

そうなると逆に、政・官の情報を占有できるのは一部の大手メディアに限られることになるし、また政・官サイドが必ずしも自分たちに不都合な情報もあますことなくメディアに開示・提供するとは限らない。市民にもたらされる情報がきわめて一面的になる恐れがある。むしろ、大手メディアは今回の事件で取られた公官庁におけるホームページの削除、図書館の閲覧禁止等の措置に対し反対の表明を、また遡って個人情報保護法そのものへの問題を提起してしかるべきかと思われる。しかしながら現実には冒頭に申したように、事件の検証が乏しいうちにメディアも政治テロの可能性をうたったため、かえって国が情報の制限を行う契機を喚起してしまう、これは警察や政府の立場としては当然のことなのかもしれないが、報道関係もそれに追随しては本来の役割を果たしていると言い難いだろう。やはり国の意向や発表は発表として一定の距離を保ち、その内容を精査し、視座を変えた点からの報道や考え方の提供を行うのがメディアのあるべき姿勢ではないだろうか。

もし、今般の情報規制がさらに規制・強化されれば、このような政・官の発した情報のみが主体となり、それは極論すればもはや報道ではなくメディアを通じた国の広報に過ぎなくなり、さらに申せば戦前の大本営発表にも似た構造を有することにつながるのではないだろうか。現に、個人情報保護法の施行後に展開することとなった、イラクへの自衛隊派遣についても、事前に防衛庁と大手メディアとの間で、取材ルールと称される取材・報道の約束が取り交わされた（二〇〇四年）。その中には、現地の自衛隊の活動に差し障りのある報道は控えるといった内容の項目も含まれている。これは事実上の検閲だ。しかし防衛庁や自衛隊は、自身のスタンスとしてそう申しているのであって、問題なのはそれを諾々としたメディア側の姿勢にある。ご記憶の方も多いと思うが、イラク・サマワでの活動開始数か月後に、日本人民間人が数人、武装グループの人質となった。このとき、国はメディアに対し避難を要請したのだが、彼らメディアはそれにしたがって引き揚げてしまった。そのためサマワにおける自衛隊の活動は、その後の一年数か月ほど、大手メディアの眼の届かないところで展開されていたことになる。報道の原点は現場にあるという基本が喪われてしまった。

4　そして、〝何もわからない社会〟へ

同様に、個人情報保護法制定の動きがあったころ、当初はメディア各社も内容に疑義を呈したり共同で声明を発したりしていたのだが、その後に議論が進展して同法の修正案を作成する段階に至ると、多くのメディアがそれに転じ、妥協してしまうか、反対してきたメディアもトーンを下げてしまった。このとき明らかに流れが変わった。だからメディアには、内容自体に問題がある個人情報保護法制定の一端を担い、今日のような情報制限を招いた責任の一部、いえ少なくない部分があると言えるだろう。大手メディアは今からでも、匿名社会を招いた責任はわれわれにもあると、きちんと自省を表明したうえで、改めて抜本的に法の改正を求める発言をすべきだろう。

まずは、二〇〇八年一二月上旬現在、いまだ削除されたままの官庁ホームページの幹部役職者名簿の復活と、図書館における閲覧禁止や制限の早期解除を求めるべきである。また、国はメディアから

指摘されるまでもなく、すみやかに現行の措置を取りやめる必要がある。もちろん、犯罪防止の観点から警備の強化等別のアプローチで安全の確保やプライバシーを保護する必要があるのは言うまでもないが、それは情報公開を前提としてそれと常に並び立つべき価値であって、前者の価値が後者の価値を覆い尽くしてしまってはいけない。

現在のような情報統制の状態が長らく続けば、いつの間にかそれが常態として定着してしまい、情報の開示が制限されることに疑問を持たなくなってしまうおそれがある、それが一番懸念されるところだ。気がつけば、そのうち、〝何もわからない社会〟になってしまうのではないだろうか。

第2節　表現の自由とジャーナリズムを読む

1　政治報道の惨状

新しい学生たちが入学し、キャンパスが華やぐ時期であるが、未曾有の不況が重くのしかかり、就活（就職活動のこと）で内定が取り消されるこのご時世である。若者の未来も心配だが、日本の政治ジャーナリズムもそれ以上に暗澹たる気持ちになる。連載の最初ながら、暗い話から始めざるを得ない。

最近、これを象徴するような出来事が立て続けに世間を騒がせることとなった。一つは、二〇〇九年二月、中川昭一・前財務相のいわゆるＧ７終了後の例の「もうろう会見」問題である。中川氏は会見でろれつが回らない状態で言い間違えたり、他者への質問に割り込んだり、醜態を繰り返したのだが、問題は、会見の場で発言の間違いや飲酒等の疑いも含めこの失態について質問したり、追及したりする記者が一人たりともいなかったことである。国会での演説の間違いや酒癖についてよく知っているにもかかわらずである。おまけに、記者の何人かは、前夜や当日飲酒や食事も含む懇談の場に同席もしていたのに、である。記者会見は読者の知る権利に応え、権力を監視する記者と、主権者に説明責任を果たそうとする政治家・役人との、真剣勝負の場のはずである。政治家とともに、これをまっとうできなかった記者も失格である。

もう一つは、漆間巌・官房副長官のいわゆるオフレコ懇談問題である。二〇〇九年三月、記者とのオフレコ懇談で、西松建設事件に関し自民党に波及する可能性はない旨の漆間氏の発言について、メディアは当初〈政府高官〉の発言として、その後は官邸などからの公表もあって実名で、報じた一件である。漆間氏は三月下旬現在いまだに報道の中身を認めていないが、ジャーナリズムの観点から見て問題なのは、今回のようにきわめて重要な意味をもつ政治的発言の主を当初は政府高官の名で実名を示さなかったことに加えて、発言が大きな問題になっても懇談に参加した政治記者や政治部が自ら公表するのではなく、野党の要求や政府の判断によって公表され、これを待って初めて、実名に踏み切ることしかできなかったことである。重大発言の主を実名で主体的に伝えられないジャーナリズムは、知る権利や権力監視に値すると言えるのだろうか。そもそも、オフレコ懇談は体のいい情報操作の手段に使われるのが落ちである。情報源の明示は、記事の正確性や信頼性の不可欠の前提であり、ジャーナリズムの原則そのものではないのか。

さらに付け加えるとすれば、同じく三月、渡邉恒雄・読売新聞グループ本社会長兼主筆と氏家斉一朗・日本テレビ放送網取締役会議長が、森喜朗元首相、青木幹雄・前自民党参議院議員会長、山崎拓・自民党副総裁と会合をもち、大連立構想を唱えていることである。こうした大連立構想は、一年半ほど前に、当時の福田康夫首相と小沢一郎・民主党代表との党首討論がもたれ、これを取り持ったのも渡邉氏とされている。大連立構想という日本の政治の将来を決める仕掛けに、権力から距離を保ち、権力を監視すべきメディアが深くコミットし、関わるのはジャーナリズムの一線を踏み越えた、政治のアクター、主体そのものと言わなければならない。それは、ジャーナリズムの仮面をつけた政治運動になってしまうのではないか。

こうした政治へのコミットは、読売の改憲試案の提示の延長線上にあるだけでなく、何も読売だけにとどまらず、二〇〇八年秋に月刊「文藝春秋」誌に掲載された麻生太郎首相の手記は読売とは別の有力紙の政治記者が書いたといわれる状況にも繋がっている。

政治報道はまさに惨状そのものである。ここにジャーナリズムは甦るのであろうか。

2　裁判員制度でメディアは変わるのか

二〇〇九年五月から裁判員制度の運用がいよいよ開始される。殺人など重要な刑事事件に素人である市民が加わって審理し、死刑も含め判決を言い渡す仕組みが動き出すことになるわけだ。

裁判員制度というのは、既存の刑事司法のある種の変動であるのは確かだが、現行刑事司法の本質が本当に変わるかどうか、非常に疑問がある。今日までの刑事司法の一番の根幹は、悪いことをした人間は草の根を掻き分けても徹底的に探し出し、処罰するという考え方だ。ところが、これに対して、たった一人でも無実の人間を間違って処罰してはいけないというのが、もう一つの理想的なリベラルな刑事司法のあり方としてある。無罪推定を貫いて、被告人の人権を徹底的に擁護する。国家権力が不当なことをしたり、捜査権が濫用されたり、冤罪が起こったりすることは許さない。

裁判員制度によって、刑事司法が少しでもいいものに変わっていくのであれば、評価しなければいけないし、育てていかなければいけない。けれども、裁判員制度の設計には、その方向は見られない。犯人を徹底的に追及するのが刑事司法であって、被告人の人権の確保や無罪推定などは場合によっては多少阻害され、犠牲になっても仕方がない、という根本的な発想は変わっていないように思われる。

これでは、いったい何のための制度なのかわからない。裁判員制度によって市民が参画するといっても、結局は、従来の官僚司法の中に市民を取り込み、動員して、民主的でない部分をさらに強化し、基盤を広げていくことにならないか、危惧を感じる。

裁判員制度についてメディアは、裁判員法の中に偏見報道禁止の規制条項が盛り込まれようとしたことに対しては批判していたところもあったものの、刑事司法に対して、従来の取材や報道のあり方とは違うという姿を見せたかというと、残念ながら見せていない。

例えば、捜査の段階での被疑者の犯人視はよくないということを、最高裁も指摘し、メディアも自ら変えなければいけないと、「自主ルール」を策定した。それはある意味で大事だけれども、ではなぜ犯人視をするような体制と枠組みがあるかというと、記者クラブ制度なども連動しつつ、基本的には警察情報に依存して取材し、報道しているからである。捜査官への夜討ち朝駆けと、リーク情報の入手による取材、報道の体制。だが、メディアはそこのところは変えようとしない。一番の原因になっている本質的な部分を変えるとは、誰も言わない。最高裁などの権力や警察も言わないし、メディアも言わない。それはやはりおかしい。本質的な部分を変えないことには、何も変わったことにはならない。

刑事司法が本来目指さなければならないはずの、被疑者・被告人や被害者などの人権を守るよう、捜査権力をメディアが徹底的に監視し、チェックすることこそがもっとも大切なメディアの任務のはずなのにそれをあまり強調しようとしない。やはり、メディアは本当に変わろうとは思っていないのではないか。そして、権力のほうも、一方的にメディアに対していろいろ注文をつけているが、刑事司法そのものは変えようとしない。要するに両者は、お互いに権益を守ったわけだ。メディアがいちばんやらなくてはいけないのは、何よりも権力のチェックである。一人でも無実の人を処罰させてはいけない。捜査の権力を逸脱、濫用させてはいけないし、人権侵害をさせてはいけない。そのような権力を行使させてはいけない。権力は逮捕など市民の身体を拘束できるわけなので、人の運命を左右する最大の権力をもっている。裁判所が冤罪を追認し、処罰してしまったら大変なことになる。

だとすれば、権力を監視し、権力行使に対してチェックするのがメディアの役割になる。他に権力のチェックができるところがあればいいが、それを見つけるのは難しい。だから、それをやるのがメディアであり、ジャーナリズムということになる。メディアは、口では権力を監視すると言っている。だが、権力監視といっても、もとになるのは警察が提供した情報、しかも情報公開というシステムで支えられている情報ではなく、夜討ち朝駆けで得た、操作された情報だ。夜討ち朝駆けやリーク情報が全部だめだとは思わないが、権力が統御可能な都合のいい情報だけに依存し、それに基づいて取材・報道していくのは、権力監視ならぬ権力依存と言わざるを得ない。

だとすれば、そういう情報に依存しないで、どこまで権力をチェックできるかが問われている。そのために何を変えるかというと、捜査情報をもっとオープンなスタイルに変えていくことだ。権力がある人を逮捕すれば、どういう理由で逮捕したのかは民主社会ならオープンでなければならないはずである。そのことに説明責任を求めるのは当然であって、情報公開の仕組みも形のうえでは整っている。ただ、現実には、捜査の情報は密行性の名のもとに隠され、制限されることも少なくない。だから、メディアは市民とも協力して、捜査情報を市民社会に示すべきだと要求し、権力と対峙する必要がある。

また、メディアは、権力監視を任務とする以上、ジャーナリズムとして、裁判所の判決が間違っていると確信したら、勇気をもって裁判批判を提起する必要があるが、こうした役割も今日のメディアは十分果たしきれていない。裁判所がどんな判決を書いても、おかしいことはおかしいと言わなければならない。特に、冤罪を追認したり、権力の濫用、逸脱や人権侵害を黙認したりした場合にはなおさらである。

いずれにしても、裁判員制度を考え変わらなければならないのは裁判所や捜査機関だけでなく、メディアもそうだと、声を大にして言わなければならない。

3　小沢秘書逮捕・起訴と報道とジャーナリズム

ウォッチドッグの役割を果たさないメディア

最近（二〇〇九年前半）ジャーナリズムをめぐって大きな問題が立て続けに起こっている。例えば、日本テレビの「真相報道バンキシャ！」による誤報番組の放送や、「週刊新潮」による朝日新聞襲撃事件「実行犯」の誤報手記掲載などもそれに含まれるが、それ以外にもメディアの報道をめぐっては首を傾げたくなる事案が少なくない。

報道機関としての役割も果たすことが期待されている新聞や放送局、雑誌などはジャーナリズムの担い手として、英米的に言えば、権力に対する「ウォッチドッグ（番犬）」の仕事をすることが重要な責務である。市民社会のなかで民衆の代弁者として、権力を監視し、チェックできる有力な組織は他にはそうそう見出せないと考えられるからである。

捜査権限を濫用し、不当に行使しうる警察などの捜査機関や検察、冤罪事件に有罪の宣告をするかもしれない裁判所、汚職や私腹にかまけ悪事に走るかもしれない官僚や政治家などの監視、チェックこそメディアにとってきわめて重要な機能であり、ジャーナリズムそのものといってよい。

ところが、こうしたジャーナリズムから遠ざかり、権力に対する監視やチェックを放棄し、権力に擦り寄る傾向が、新聞、テレビなどのメインストリームのメディアにはある。「権力に対する」番犬ならぬ、悲しいかな「権力の」番犬になりさがる現実である。

小沢氏秘書の逮捕・起訴報道

例えば、民主党の小沢前党首の秘書をめぐる逮捕、起訴をめぐる一連の報道はどうだったのか。

今回の秘書逮捕・起訴については、総選挙が間近に迫っている時期に、野党党首をターゲットにし、しかも贈収賄などとは異なる政治資金規正法違反という形式的な罪で進められたという点で、「国策捜査」と称するかどうかはともかくとして、いずれにしてもきわめて異例の捜査と言える。常識からすれば、普通ではありえない捜査手法であり、もしこれが是認されるとすれば、小沢氏の周辺にとどまらず、与党の政治家関係者にも捜査の手が及んで当然であるが、それがなされる気配もなかったし、いまもない。恣意的、政治的捜査と言われても仕方ない。権力を監視するというジャーナリズムの観点からは、検察への監視、検証が厳しく求められて然るべきケースである。

ところが、メディアの報道は、朝日、読売、NHKをはじめ、全体として、検察のリークにもっぱら依拠し、その筋書きを追認する報道に終始してきた感があり、検察捜査への監視、チェックはきわめて希薄だった。そういうなか、毎日新聞の報道には、捜査への疑問を正面から問うた小川社会部長の署名記事（二〇〇九年三月二五日朝刊）や、他紙と異なる大久保秘書否認を伝える記事（同年三月二四日夕刊）なども見られたのは確かで、特に、署名記事は検察捜査について正面から疑問を提示した記事は全国紙では初めてであり、意味があったとは思う。しかしながら、毎日新聞といえども、社説も含めその大きな流れはメディア全体の論調と著しく別の方向に向いていたとは言いがたかった。

紙面では「関係者による取材で分かった」という形での記事が少なくなく、これは検察幹部による情報と推測するが、今回のように対立する当事者・関係者が存在する場合には、情報源の明示は決定的に重要であるので、それが示されていないのは事実の客観性、信頼性、公正さなどの点で、きわめて不可解と言わねばならない。

いずれにしても、メディアによる検察チェックはほとんど果たされていないのが実情だ。

なぜ権力監視ができないのか

今のメインストリームのメディアは、非常に限られた範囲の人たちで構成されていて、それがますます強くなっている傾向がうかがえる。

例えば、新聞社の記者はみんな大卒であり、しかも実際上は、受験偏差値の高いいくつかの特定の大学の人たちがかなり多い。大きな流れとしては、その実態は社会のいろんな層の人たちの中から採用するのではない方向にますます進んでいるようにみえる。

そのために、ものの見方や考え方が非常に狭く、同じような価値観を抱いている人が、メディアの内部を占めている。これで健全といえるだろうか。社会の中で力の強い人たち、統治する人たちに対して、監視し、チェックするというのがメディア本来の自分たちの仕事である、という意識が共有できていないように感じる。権力の側に立つ人たちや社会的強者の価値観と、自分たちのそれとが変らないという意識のほうがむしろ強い。

要するに、ジャーナリズムと遠ざかり、権力監視をしないメディアの傾向は、ジャーナリストやメディアの志や怠慢がその原因ではなくて、監視すべき権力やエスタブリッシュメントと同じバックグランド、教育、価値観を共有し、権力の監視やチェックに向かう基盤も発想も生み出すことがなかなか難しいということだと思う。

社会が多様であるのと同じように、メディアにも、多様な人材を供給するメカニズムを人為的に作るしかないのではないか。

4　北朝鮮のミサイル報道を考える

根拠の提示なき「ミサイル」報道

核武装化や日本人拉致をはじめ、いまの北朝鮮が危険な国であることは疑い得ない。しかしだからと言って、いたずらにこの国への憎しみを煽り、日本の危機感を増長させることは冷静さを欠き、不健全なナショナリズムと好戦的な世論をはやし立てることにならないか。

特に、メディアは民衆の立場から、権力に対する「番犬」として、これを厳しく監視し、追及しなければならない存在である。にもかかわらず、こうした本質的な役割が果たせず、逆に権力に擦り寄り、その立場から世論を先導しさえしているのがこの国のメディアの現状である。

その実例が、二〇〇九年の三月から四月にかけての北朝鮮の「ミサイル」発射報道である。その有様は、「北朝鮮の『ミサイル発射』一色となった、このところの新聞・テレビ。政治と金、年金、雇用、教育と、国民を苦しめる問題が山積なのに、メディアは『ミサイル、ミサイル』の大合唱だった」と当のメディアが総括している通りである（東京新聞四月八日付朝刊特報面より。なお、この記事はメディアが自ら報道を批判的に検証した稀有なケースだった）。

発射自体は四月五日で、日米両政府によれば、第一段は日本海に、残りの部分は太平洋にそれぞれ落ち、衛星を軌道に乗せるのは失敗したとされる一方、北朝鮮は運搬ロケットで人工衛星を軌道に浸入させることに成功したと発表した。そもそも発射物そのものがミサイルなのか、衛星用のロケットなのか、自明ではなく、論争的で究明を要する問題であるはずで、日本政府は当初、発射した物体を「飛翔体」としていて、四月一〇日になって「弾道ミサイル」に改めた。

ところが、メディアは日本政府が「飛翔体」と言っている段階でもすでに「ミサイル」と「大合唱」を繰り返したが、それを報じること「それ自体が一つの立場を選択したことになる」（先の東京新聞の検証記事の中での前田哲男氏の指摘）。メディアがなすべきことは、まず何よりも事柄の真相を伝えるために発射物が何かを事実をもとに究明し、その根拠を示すことなのに、それもないままに「ミサイル」と報道するとともに、北朝鮮のようにそれと異なった立場もあわせて提示するというバランス感覚も欠いている。しかも、日本政府の方針に無批判に追随するだけでなく、ミサイルと断じる報道を政府より先行させてさえいる。

発射を想定して、三月二七日、浜田防衛相は自衛隊法の規定に基づき「破壊措置命令」を発するとともに、これを受けて、迎撃用の海上配備型迎撃ミサイル（ＳＭ３）を搭載したイージス艦二隻が日本海に、また迎撃用の地対空誘導弾パトリオット３（ＰＡＣ３）が首都圏と東北地方の計五か所に、それぞれ配備された。

この命令とこれに基づく配備についても問題が少なくない。大体、防衛相自らが、飛翔体の落下に備えるためとしつつも、「万が一」にという前提付きで発言し、河村官房長官も「わが国領域内に落下するケースは通常起こらない」と説明しているし、大方の専門家も危険は認められないと指摘しているのだから、そうした措置自体がきわめて疑わしい。それを問い、追求するのがジャーナリズムの仕事のはずなのに、主要なメディアはこれをまったく果たさず、政府の方針に無批判に追随し、世論を煽った。

メディアが率先して正当化した政府のコミットメント

そもそも、ＰＡＣ３そのものに関して、迎撃で破片が飛び散る範囲などについて配備された地域の住民への説明は何もなく、またＰＡＣ３を開発した米軍でさえ、配備された市ヶ谷基地など市街地に展開して活用された例はない（東京新聞二〇〇九年四月六日付朝刊）、という代物なのだから、こんなことを勝手に配備すること自体が、メディアによって厳しく追及されるべきなのに、こういうことを提示した新聞やテレビは、先の東京新聞の記事を除いて、まったく見られなかったのは、ジャーナリズムの惨状としか言いようがない。

一連の「ミサイル」報道をみて、私は冒頭の東京新聞の検証記事の中で次のような感想を指摘した。「メディアは有事さながらに『お国の一大事だ、頑張らなきゃ』と、異を唱えるどころか扇動した。

特にテレビは過剰報道。どこかのアナウンサーとダブってみえるアナもいた。その陰で、県知事の政治資金問題などが埋もれた」。

これに付け加えておけば、この影響によって、提供し、議論を提示しなければならなかった他の重要な問題や出来事が十分伝えられなかったというだけでなく、「北朝鮮怖し、憎し」の世論をいっそう煽り、有事や軍事への政府のコミットメントを正当化し、拡大させる世論を誘導する役割をメディアは率先して果たしたと言わなければならない。

そうしたなか、現に一部の自民党議員からは、「抑止力論強化」、「敵基地攻撃」、さらには「核武装」などの議論が公然と論じられる状況までみられる。

北朝鮮の一連の「ミサイル」報道騒動を考えてみると、まさに、「権力に対する」民衆の番犬ではなく、「権力の」番犬に成り下がったメディアの姿が改めて浮き彫りになる。本来の番犬を再生させる任務はこの国のジャーナリズムにとって喫緊の課題である。いまこの国に求められるのは、在野精神溢れる逞しい職能集団である。

5　児童ポルノ法改正案と表現の自由

二〇〇九年、児童ポルノ法の改正が国会で審議され、議論された。自民、公明の与党案は、単純所持罪を導入し、創作物規制の調査研究する規定も設ける法案を準備してきた一方、民主党は現行の児童ポルノの定義を限定化するとともに、有償ないし反復の取得罪を新設するなどの法案を提示してきたが、国会の末に与党と民主党が修正協議に応じたものの、解散、総選挙のため、審議未了廃案になった。しかし、修正協議で単純所持罪が合意されたこともあり、秋以降法改正に向かうおそれがある。今回の改正には、ジャーナリズムや表現の自由の観点から、重大な問題がある。そこで、衆院の法務委員会（二〇〇九年六月二六日）で参考人としての意見陳述を求められたので、以下、補正のうえここに記しておきたい。

与党案のほうに問題を感じる部分が少なくありませんので、これを中心に検討します。そもそも、法改正を考える上で、私たちの社会が健全に維持されるためには、児童の人権の保護とともに、表現の自由との適切な調整を欠かしてはならないのではないか、というのが私の基本的スタンスです。あらかじめ、結論から言うと、与党による今回の単純所持罪の新設と創作物規制の調査・研究規定の導入は、表現の自由の保障の点で過剰な規制となっていて、自由な市民社会が息苦しい方向に向かっているように思われます。

一つは、現行の児童ポルノ法の枠組み自体が、表現の自由の観点や諸外国との比較などからみても、やや過剰な規制に傾いているところがあり、必ずしも適切なバランスが確保されているとは言えません。保護対象の一八歳未満という年齢が妥当かどうかは別としても、児童ポルノの定義として、特に、「衣服の全部又は一部をつけない児童の姿態であって性欲を興奮させ又は刺激するもの」、というのが二条三項の三号に定められているのですが、これは対象が大変広く、また客観的要件ではない主観的要件も含んでいるなどの結果、いわゆる一般的なポルノやわいせつなどだけでなく、それとかけ離れた単純なヌード、いわゆるソフトヌードと言われるような表現も規制されてしまっています。

この点、例えばアメリカ合衆国では、連邦法典（一四六六条）で、例えば、露骨な性的描写を含むわいせつであるものとか、性器間などを含むSM行為・交配行為であるとか、文学的・芸術的・政治的・科学的価値のないものとか、きわめて客観的で、限定的な定義を示しており、他の先進諸国も多かれ少なかれ、これに従っています。少なくとも、欧米では、規制は詳細なポルノ的行為ないしわいせつ的なものに限り、また芸術等の例外も許容して、ソフトヌードのような単純なヌードまで過度に規制されていないことが分かります。

欧米では、たしかに単純所持規制や創作物規制も設けられているところも少なくありませんが、こういう表現の自由への配慮のもと、きわめて限定的な枠組みのもとで用意されていることが大切です。日本ではこうした前提を欠いていて、過度に広すぎる規制になっているにもかかわらず、これに加えて単純所持規制や将来の創造物規制が加わってしまうということになるとどういうことが想像されるでしょうか。例えば、こんなことがおこりえます。

(1) 市民の誰もが規制対象になってしまうおそれがあります。家族のアルバム写真、ヌードを含む写真集、雑誌のグラビア、家族・恋人の写真、本人の写真も対象となり、さらにはメールで画像が送り付けられたり、悪意で送付されたり、という事態が生じます。

(2) 芸術活動も広く規制の網にかけられるおそれがあります。作家や表現者の性をめぐる創作の自由は大幅に制約されるでしょう。

(3) 書店、図書館やメディアも自主規制を含め、法規制のもとに置かれかねない事態が生じます。出版社はアイドルのヌード本も含め規制対象となる本は少なからず置いてありますし、取材資料として持ち込まれる場合もあるのですが、摘発されるおそれがあります。また、児童の裸を含む膨大な書物が整理、処分、引き上げられることになります。

(4) このもとで、恣意的、政治的な捜査機関の権限濫用も懸念されます。というのは、対象が極めて広く、主観的な曖昧な要件が多いからです。すなわち、所持罪自体も、罰則なしの禁止規定も(「みだりに」という文言が付されている)、罰則規定も(「自己の性的好奇心を満たす目的で」との文言が付されている)、主観的で、曖昧なのです。また、起訴や処罰ができなくとも、逮捕や捜索などの捜査権限や、さらには行政的権限行使もフルに活用される可能性もあります。

(5) なお、運用上の注意規定についてですが、肝心なことは、例えば表現の自由など濫用に対する実効的な異議申し立てや救済のための措置を用意しておくことであって、これも置くことなしにこの種の注意規定だけを定めても単なる気休めでしかなく、本来の役割は期待できません。

もし以上のようなことになってしまうと、肝心の児童の人権の保護というより、それとは違う方向、すなわち日本の表現の自由が大幅に萎縮しかねず、人々の価値観のあり方について国が市民社会に深く干渉し、コミットしていく方向になってしまわないか危惧します。

このように考えますと、児童ポルノ法の改正の方向は、問題をはらんでいる現行法をそのままにして、単純所持罪を新設したり、創造物規制の調査研究を導入したりするのではなく、欧米等の国際的水準に合わせて、表現の自由へも配慮して、現行法の枠組みを整理、限定することが何よりも必要であり、それを踏まえたうえで、さらに求められることがあれば、新たな規制を慎重に検討していくという方向が望ましいように思われます。なお、国際法レベルでは、サイバー犯罪条約などでも単純所持罪の義務付けはされておりません。

6 市民のメディア批判の本質は何なのか？

長い間、研究者として、また一市民として、メディアやジャーナリズムに関わってきて、特に市民との関係について思うことが少なくないので、今回はこの問題について少し触れてみたい。

私は、これまでこの国のメディアが直面する最重要の課題の一つが、メディアに対する市民のアクセスの回路を拡充強化し、一層市民に開かれたメディアを目指していくことだと考え、メディアに対する市民の異議申し立てや情報公開の自主的な制度を探求し、構築する必要を訴えてきた。その一部は、放送における人権救済の自主機関である放送人権委員会（かつては、BRCと呼ばれた仕組み）や新聞各社の第三者機関の設置、NHKの情報公開制度の導入などにより、実現もしてきた。

市民のメディア不信の大きな要因が、「報道被害」の存在とその適切な救済の欠如など、「市民に優しくないメディア」、「市民に閉ざされたメディア」のありようにあることは確かである。しかし、私はある時期から、市民のメディア不信の根源を、こうしたメディアの「市民化」の欠如や不十分性にのみ求める考え方に疑念を抱くようになった。人権を侵害せず、侵害した場合にはその迅速有効な救済を施し、また自らの情報を広く公開する仕組みを整備するなどして、市民のメディアへのアクセスを拡充していけば、市民のメディアへの不信感は払拭され、その信頼は回復するのだろうか。

不信感の一部は取り除かれ、信頼の一部はそれで取り戻せるかもしれない。しかし、私は市民のメディア不信の本質はもっと深く受け止めるべきだと思う。メディアは本当に大切なことを伝えてくれているのか、メディアはいったい私たちの側にいるのか、果たしてメディアはその本来の役割を果たしているのか、という根本的な疑念があるのではないか。具体的に言えば、お前たちはいったい、権力の監視をはじめ、人間や社会の真実を抉り出すジャーナリズムの仕事をしているのか、良質なエンターテイメントを提供してくれているのか、とメディアに問いかけているのではないか。

これは、実は、人権と報道の課題やメディア規制問題に関わってきた私の実感でもある。例えば、「人権を侵害しない」ということが至上命題とされ、肝心の取材や報道を厭い、マニュアルに機械的に依存し、真実の追求がなおざりにされてはいないだろうか。社会の実態に深くくい込み、この国の人権問題を照らし出し、それを社会に提起するという役割をどれだけ果たしてきただろうか。例えば、基本的な情報を秘匿する捜査機関や情報へのアクセスを遮断する少年司法とジャーナリズムはどれだけ闘い、事件の真相に迫ってきたか。個人情報保護や人権擁護の法案について判断素材をどれだけ豊富に分かりやすく市民に提供し、その本質をどれだけ的確に分析できてきたのだろうか。……

こうした根源的な困難と対峙するためには、人権侵害にどう対応するかなどの対症療法だけではいかんともし難い。深い意味での市民の不信を払拭し、その信頼を回復するためには、廻り道に見えるかもしれないが、プロフェッショナルとしてジャーナリズムやメディアに求められる本来の仕事に正面から取り組み、その役割を果たし切る以外に方法はない。「市民に優しく、市民に開かれたメディア」を築くだけでは、決して達成し得ない。そして、そうした本来のジャーナリズムやメディアの自由で創造的な活動を確保するためには、内部的な自由を含め、徹底して表現の自由を守り抜く必要がある。

こうしたプロフェッショナリズムの確立やそのために必要な表現の自由擁護のために、メディアと市民は健全な緊張関係を維持しつつ、連帯して、全力で取り組むことが求められているのだと思う。

第3節　民主党政権におけるメディアの役割
——報道の多様性を奪う、官への取材規制

民主党中心の新連立政権が二〇〇九年九月に成立して数か月。「政治主導、脱・官僚」を掲げる新生与党は、行政機構・官僚に対するメディア活動の在り方を一変させた。官僚が政策や法案について概要や展望を語るのを禁じ、また事務次官による記者会見および事務次官会議も廃止した。

1　官の不正がむしろ潜行するおそれ

民主党が標榜する「政治主導、脱・官僚」のスローガンは、国民に選ばれた政権政党として目指すところがあるのだろう。ただ、ジャーナリズムの側からすると、公務員、官僚に対する取材は極めて重大なファクターなのだ。そういうなか、いま実際に展開されている政策がどうなっているのか、今後どのようなかたちで動いていくのか等について政治家、例えば政務三役だけで語り尽くすのは不可能だろう。

政治家と官僚、どちらかの存在が不要というのなら話は別だが、現実にそんなことはあり得ない。

やはり政と官、それぞれ役割分担があるわけだし、また役割が違えば一つの政策についての動かし方や関わり方が異なる。官がその本分を逸脱して政の頭を飛び越え、省益のために政策を操作しているというのであれば、それはもちろんあってはならないことだし、糺していかねばならない。しかし、そのために官への取材活動を制限し、規制するというのは、むしろ官僚の不正がより潜行してマスコミひいては国民の目にさらされず、さらに問題の本質や構造が隠される可能性がある。それは政治家にとっても国民にとっても、なんらプラスにならない。

国民の側からすると、一つの政策課題について政権がどのように考え、どのような施策を講じようとしているのか、その点について評価や是非を判断する場合、問題の本質や詳細な内容、多角的な考え方や視点などを情報として提示してもらわないと判断しようがない。もちろんその場合、政権からの「結果こうなりました」という結論だけでは意味を為さない。「問題がどういう経緯で生じ、これについてこのような検討が誰によってなされ、その結果こうなりました」というプロセスが開示され、そして結果に至るまでに国民の声、賛否が示されないと正しい民主主義とは言えない。例えば、一つの政策が決定される場合には、議会における議論が為されるわけだが、その結果だけ知らされればよいわけではなく、議論の内容、論点、利害得失、課題解決に向けた取り組み、等が明白になることが不可欠である。そうした議論を経た最終段階において、多数決によって結果に至る、これが民主主義の原則だが、なぜそのような結果に至ったのかを示すプロセスもまた、結果以上に重要な、民主主義の根幹なのだ。そのことは議会だけでなく、政策を実行する行政のプロセスもまた明らかにされるべきものである。そのプロセスを国民に伝えるのがマスコミの役割なのだが、まさにいま政策決定プロセスに関わる重要なファクターである、官僚への取材活動が、民主党政権のもとで大幅に制限されようとしている。

個別の政策だけの話にとどまらない。戦後はもちろん、戦前から現在に続く、政治家と官僚の関係というものを、国民の前に明らかにするのも、政権の重要な責務の一つだ。しかし政と官の両輪のうち、一方の取材が遮断されるとなると、全体の関係や構造をより正しく伝えるための回路が閉ざされてしまう。それはジャーナリズムの責務からして、是認できるものではない。民主党として、政と官の関係かくあるべしという考え方があるのは当然だが、かといって官僚への取材の規制や事務次官会見の廃止などにより取材の回路を遮断して、政と官がいまどうなっているのか国民が分からないようにするというのは、国民の知る権利に逆行する行為だと言えるだろう。民主党による報道統制だと感じざるを得ない。取材し、報道するチャネルはできるだけ豊かに、多様に、オープンにされるのが、民主主義が正しく存立する基盤なのだから。

現実問題として、政と官の役割分担があるとはいえ、その関係は微妙でデリケートな部分を内包すると思う。しかし大事なのは、実態がどうなっているのか明確に、明らかに、オープンにすることである。政と官の関係に何らかの軋轢があったとして、ではなぜ軋轢が生じたのか、どのような軋轢なのか、政治家と官僚それぞれどのように考えているのかなど、軋轢が存在すること自体を国民に示すことが重要なのだ。それもまたプロセスの開示に通じるからであり、政と官に対する重要な判断素材として、国民の批判が可能になるからだ。しかしその機会が国民から奪われると、結果のみの通達、しかもそれはもしかしたら時の政権にとって都合のいい内容ばかりが上意下達形式で一方的に流されるだけになってしまうかもしれない。こうした危険をはらむやり方は極めて民主主義に反する行為だと言わざるを得ない。

2　記者会見の在り方も再考を

他方で、一部の省では記者クラブ所属の記者だけでなく、会見の場をオープン化する動きがあるが、これなどは逆に、これまで閉ざされた記者会見の場が開放され、オープンにされるという点で着目に値する。セキュリティの問題などもあるが、やはりこの機に、より広くより多様なメディアやジャーナリストが会見に接することが出来るよう、またそもそも日本の記者会見の在り方というものをこの機に考え直してみる必要があると思う。ただその場合にも、やはり事務次官など官僚からの会見も必要なのは言うまでもない。会見に臨むメディアやジャーナリストの種類や数を増やしても、他方で会見の対象を減らしてしまっては、情報のオープン化にならない。この点は混同してはならない。取材する側も、開放されたからといって満足していてはいけない、やはり官の会見が無くなったことについて問題意識を持つ必要がある。

記者会見とは、権力のあるものに説明責任を果たさせるたいへん重要な場である。したがって単なるプロパガンダの場にしてはいけない。他面、記者やジャーナリストにとっては、自らが背景に背負う国民の知る権利に応えるために、新しい事実を引き出す真剣勝負の場だと思う。それは大手マスコミもフリーのジャーナリストも、等しく重い責任を負っている。だからこそ、記者クラブ所属のメディアだけで会見の機会を独占するのは好ましいことではない。たしかに記者クラブの要請のもと大臣等の会見をセッティングするのは手法として有りだとは思うが、それなら他のメディアやジャーナリストが会見を求めたときに、記者クラブはこれを全力で応援するようでなければ本来の姿とは言えないだろう。当然、求められれば政だけでなく官も会見すべきだし、それが出来得る体制でなければならない。したがって、多様なメディアやジャーナリストを対象として複数の記者会見というのもあり得ると思うが、同じような会見を何度も開くのは効率的でないというのであれば、やはり一回の記者会見の門戸を広く開放すべきだ。きちんとした身分証明が確認されればそれで安全が担保されるわけなので、実際問題としてそれほど難しいことではないと思う。参加者の資格を権力や記者クラブが選別するのは避けるべきだと考える。

3　問題あらば、声を大にして

いずれにしても、会見におけるメディアの開放が進んでも、他方で、事務次官の定例会見の廃止という形で、会見の主要な対象が一つなくなるというのは、情報統制につながりかねない危険な状況である。にもかかわらず、それに対する批判や是正を求める声がいまひとつ大きくないのが気がかりだ。むしろ現在の方針が定着してしまったらたいへんである。この点、マスコミの当事者はどう考えているのだろうか。メディアは常に時の権力に対し、チェック機能をはたらかせることが重要な存在意義になる。たしかに前政権が、ほとんど政権の体をなしていなかっただけに、新政権に期待するところ少なからずあるのだとは思うが、かといって打ち出した方針に問題があるようなら、それは声を大にしておかしいと言わなければならない。いくつかの大手新聞などは、どうも新政権の方策をもっぱら礼賛することが多く、また野党時代の民主党に批判的な論調だった新聞が、政権奪取後にはややスタンスを変え、歩み寄った点が感じられるのも打算的でいかがなものだろうか。

現在の民主新政権において私が警戒したいのは、民意の反映によって政権の座を確保したという点だ。つまり、国民にとってプラスにならない政策であっても、それを打ち出す政権を支持したのは他ならぬ国民だという正当性を与えることになるからである。同じ政権の横暴でも、ファシズムは表層的には乱暴でもあまり長続きしないものだが、民意に支えられた民主的な政権は、そうであるがゆえに政権を監視し、チェックし、矯正するのが非常に難しいという怖さがある。メディアによる権力の監視を難しくさせるのは、圧倒的な民意の存在に他ならない。権力が民主的であるほど、実は監視が難しく、困難であるということをメディアは再確認し、政策や方針、体制が問題であれば堂々と、粘り強くその修正を求めるべきだ。現在の、脱・官僚の名のもとに公務員に対する取材を規制する方針は、そうした権力の問題行為の紛れもない一つである。メディアはもっと声を大にして、是正を求めてほしい。いずれにせよ、民主党政権の取材・報道は、メディアにとっても正念場となる。

第2章　民主党政権下の表現の自由とメディア

二〇〇九年～二〇一二年

第1節　民主党政権におけるメディアの政策と規制
――原発報道と検察監視も含め

1　民主党政権のメディア政策とジャーナリズム

二〇〇九年九月にスタートした民主党主導の連立政権のもとで、この国のジャーナリズムには何が求められるのだろうか。新政権のメディア政策や表現規制に即して考えてみたい。

まず何よりも必要な課題は、民主党政権が進めようとしている一連のメディア改革を正面から受けとめ、積極的、主体的に伝え、対応していくことだ。例えば、記者会見の開放化である。記者クラブが事実上戦後独占してきた仕組みを変えて、政府の記者会見をフリーの記者も含め広く開放する試みであり、現に、そうした方向が広がりつつある。ところが、政府取材と知る権利を広げる当然の改革であるにもかかわらず、記者クラブや大手メディアは改革を進めるのではなく、押しとどめようとしている姿勢さえ見られるのは情けない。

また、民主党のメディア政策のなかには、郵政省（後に総務省）が担ってきた放送行政の基本的枠組みを変えて、独立行政委員会として通信・放送委員会（日本版ＦＣＣ）を新たに設置するという提案が含まれているし、日本は、欧米等の先進国が規制を維持しているのと異なり、クロスオーナーシップが広く認められ、有力新聞社とテレビ局の系列化が進んでいるなか、民主党はこれを規制する法案も制定しようとしている。二つの政策とも、問題も少なくないが、表現の自由や言論の多様性の確保の点で、積極的な意味をもつ提案であるにもかかわらず、既得権益の擁護の故か、主要メディアは積極的にこれを伝えないどころか、特に後者については無視さえしている節があり、まっとうなジャーナリズムとは言いがたい。

ジャーナリズムにとっての二つ目の大きな課題は、民主党のメディア規制政策に対する批判的な吟味、検証である。この点、かつて自公政権のもとで提出し、廃案になった人権擁護法案とは異なり、民主党が提示している人権侵害救済機関の創設では、報道機関の人権侵害については、法的な救済ではなく、メディアによる自主的な取り組みを求めるにとどめているし、児童ポルノ禁止法の改正についても、単純所持罪や創作物規制なども含める自公案に対して、定義規定の限定化や取得罪の新設など、過重な規制を避け、表現の自由に配慮を加えているのも事実だ。

しかし、人権救済にしても、児童ポルノ禁止法改正にしても、なお表現の自由の観点から見れば、不徹底なところが残されていて、規制の手がかりになりうるし、裁判員制度についても、守秘義務違反への罰則の限定には言及しているが、その他の取材規制措置には触れていない。さらに、表現規制の本丸の一つである個人情報保護法については福島消費者・少子化担当相が法改正の検討を表明しているものの、軍事情報統制に重大な役割を果たす有事法制については何の提起も示していない。こうした規制の抜本的改革や廃止こそ、ジャーナリズムが民主党政権に突きつけ、求めていくことが大切である。

2　民主党が進める新たな表現規制／求められる批判的吟味

個人情報保護法に象徴されるような自公政権によるかつてのメディア規制三法に勝るとも劣らない「新たな表現規制」とも称されるべき大掛かりな動きが、民主党政権のもとで進められつつある。秘密保全法制などの一連の立法を指しているのだが、表現の自由や知る権利を脅かすこうした新たな攻撃を市民社会やジャーナリズムは見過ごしてはなるまい。

自公政権下で推進された個人情報保護法や人権擁護法案、さらには児童ポルノ法改正などに際して、野党であった民主党は表現の自由の観点なども踏まえ、自公による表現規制に傾く乱暴な提案に反対するとともに、規制のトーンを抑え、よりマイルドで謙抑的な独自の法案を対置する姿勢を示してきた。ところが、民主党は政権に就くとこうした姿勢を転換し、規制指向を格段に強め、新たな表現規制に向かってひた走るようになった。

今後、秘密保全法制をはじめ、人権委員会設置法案や児童ポルノ法改正案なども含め、表現規制を狙う重大提案が目白押しだが、もうすでに実現したものもある。二〇一一年、大震災と原発の発生の後に可決成立したコンピュータ監視法だ。犯罪の捜査に際して捜査機関がプロバイダー等の通信事業者に対して、最長六〇日間、通信履歴の保全を要請できる制度を導入することなどが含まれているのだが、盗聴法による電話傍受に続いて、コンピュータのメールに対して官憲に介入権限を与えた点で、通信の秘密を侵害する重大な措置である。法律の背景となっているサイバー犯罪条約では、過去の履歴だけでなくリアルタイムでの通信盗聴も許容される規定になっているので、将来そうした方向での法の改正、拡張さえ目指される可能性が高い。

秘密保全法制、人権委員会設置法案、児童ポルノ法改正などの課題はいずれも突然提起された目新しい課題というわけではなく、今日の要請も踏まえつつ、過去の提案を受け、引き継いだものだ。秘密保全法制は、国家秘密法案の提案を経て、防衛秘密法制の導入やGSOMIA（軍事情報包括保護協定）の成立などこれまでの秘密保護法制の強化、拡大の再編の一環として位置づけられる。人権委員会設置法案や児童ポルノ法改正問題については、自公両党による提案に反対して民主党案を提起してきたのだが、政権に就いた後、人権委員会設置法案は、市民やメディアの取材や表現を広く規制対象として含んでいる点でかつての民主党の人権侵害救済法案からはるかに遠いだけでなく、人権擁護法案以上の表現規制立法であるし、児童ポルノ法改正案もポルノとは無縁なヌードや水着姿まで射程範囲に収める現行法の過剰な定義規定を削除するとのかつての提案を引っ込め一定の修正つきで存置するなど、規制に傾く方向が窺える。

こうした新たな表現規制を食い止め、表現の自由と知る権利の擁護が強く求められている。

3　通信の秘密侵害するサイバー犯罪法案を断じて許さない

未曾有の大震災と原発災害の中で、ネットをターゲットとした表現や通信に対する規制の動きが進められている。

その一つの実例が、二〇一一年四月六日、今回の震災をめぐるネット情報に関して総務省が電気通信事業者関係団体に対して行なった要請である。これは、政府のワーキングチームが同日決定した「対策」を受けたもので、要請は、震災後「地震等に関する不確かな情報等、国民の不安をいたずらにあおる流言飛語が、電子掲示板への書き込み等により流布して」いるとの認識のもとに、「インターネット上の地震等に関連する情報であって法令や公序良俗に反すると判断するものを自主的に削除することを含め」、当該団体や所属の事業者等に適切な対応、措置を求めている。

たしかに、災害に関わって不確かな情報や流言飛語、デマ情報がネット上に流れることはあるし、望ましくもない。しかしそれへの対処は、自由な空間を生命とするネットの世界にあっては、あくまでもネット事業者やユーザーたる市民の自律的な力で克服していくべきで、公権力がそこに介入したり、関与したりすべきではない。総務省の要請は、明らかにある種の規制効果を意図しているとしか思えないし、少なくとも客観的にそうした効果を伴わざるを得ない。現に、警察を含め行政などからの削除要請が事業者に向けられ、削除されたケースも事業者関係団体に報告されている。

こうした個別的なネット規制にとどまらず、ネットに対するもう少し大掛かりな規制の動きが進められている。震災発生当日の二〇一一年三月一一日、民主党政権は、「情報処理の高度化等に対処するための刑法等の一部を改正する法律案」の上程を閣議決定し、四月一日に国会に送付した。いわゆるコンピュータ監視法案ともサイバー犯罪法案とも称される法案である。今回の提案は、過去廃案になった共謀罪関連の部分を除いて、新たな法案に組み直したものだが、コンピュータウイルス作成罪の新設を含め、表現の自由や通信の秘密、プライバシーなどに深く関わる問題が少なくない。

中でも特に、犯罪の捜査に際して、捜査機関がプロバイダー等の事業者等に対して、最長六〇日間、通信履歴を消去せず保全することを要請できる制度を新たに導入する提案が示されている（刑事訴訟法一九七条二項として）。しかも、裁判所による令状の手続きも不要とされている。法務省は、任意処分なので裁判所の許可は必要ないし、保全の対象となるのはメールの中身ではなく、送信元や送信先、通信日時などの履歴だから憲法に定める通信の秘密を不当に侵害するものではないなどと説明しているが、履歴の有無や履歴の項目、対象自体が通信の秘密の重要な一部を構成することは疑いようがないし、保全要請によって事業者に新たな義務を課すことも明白だ。憲法の通信の秘密に真っ向から反する今回の提案は断じて許してはなるまい。

4　福島原発報道でジャーナリズムの真価が問われている

大震災を特集した『週刊金曜日』二〇一一年三月一八日号で、新聞を含むジャーナリズム改革の課題の一つとして、発表報道から調査報道への転換の必要を提起した（本書第3章第5節10参照）。とりわけ、震災に伴う福島原発をめぐる報道について、この調査報道の観点も含めて、メディアはいかなる問題を突きつけられているのだろうか。今後、詳細な検証作業が求められることになろうが、現時点で痛感した率直な感想を記しておきたい。

今回の三・一一は、現代の私たちの社会のありようにさまざまな根源的な問題を投げかけているが、この国のメディアやジャーナリズムにとってもそこを免れないと私は感じる。安全神話が崩壊した原発の惨状を私たちに印象付けたが、それとともに、あるいはそれ以上に、原発を伝える日本のテレビや新聞などのメインストリームメディア（主流メディア）の報道も惨状そのものと言わざるを得ない。

メインストリームメディアによる福島原発報道はまさに発表報道のオンパレードであり、政府（官房長官や原子力安全・保安院など）や東電による会見等の発表をほぼそのまま伝え、解説するというスタイルが報道のベースであり、大きな流れとなっている。これでは、かつての「大本営発表」報道とどこが違うのか。

当局の発表を鋭く問いただし、批判的に吟味、検証し、伝える役割が果たせないだけでなく、発表報道から離れて福島原発をめぐる実態に迫るべくメディアが独自に取材、調査し、伝える報道は全体としてきわめて少ないと言わざるを得ない。この傾向はとりわけテレビ報道に顕著だが、新聞報道も例外ではない。そのために、メディアは政府や東電に事実の情報公開を強く迫らず、事故の重大性や放射能の危険性を過小に発表する当局の主張を無批判に伝え、事故と原発推進政策をめぐる政府や東電の責任を厳しく追及する姿勢も希薄だ。ジャーナリズムの魂である真実の探求も、権力の監視も消え失せてしまったわけだ。

もう一つは、主要メディア、特にテレビは、報道の公平、公正をかなぐり捨てて、きわめて少数の例外を除き、放送局員や外部のコメンテーターなど局の内外を問わずむき出しの原発推進、容認派に占拠された感がある。もともと放送局はもちろん、新聞社も公正を掲げてきた。にもかかわらず、新聞報道の中には、事故や放射能の危険性、重大性を伝える記事や識者コメントも散見されるものの、テレビに出演する記者や解説者、コメンテーター、研究者の多くは原発業界やそれを代弁する政府、官僚、政治家などと密接に関わり、原発を疑わない立場から、政府や東電の主張を鵜呑みにし、事故や放射能を過小に評価し、安全性を強調する言説を連日垂れ流してきた。公平、公正の建前はいったいどうなってしまったのか。

原発だけでなく、ジャーナリズムの存在意義と真価が根本から問われている。

5 本質では変わらない国策追随の原発報道／メディア自身の検証を

原発事故発生から半年以上が過ぎて、原発報道は変わったのか。例えば、新聞に関しては、「当局の発表報道だけでいいのか」との反省も少しは気にしはじめ、当初よりは批判的な視点も幾分考慮されるようにはなった。テレビについても、当初の「原発は安全で必要」「放射線被曝は心配ない」一辺倒のあからさまなやり方はやや控えられ、異論や批判も少しは報じられるようになってきた。

このように、表面的には若干の変化もあるようだが、実質はどうか。この点では本質的な部分、つまり「権力の監視」や「調査報道」などの欠落については、事故当初とほとんど変わっていない、というのが実情だ。これらの欠如は大メディアがこれまでずっと抱えていた問題であり、今回の原発報道でその矛盾がわかりやすい形で一挙に露呈した、ということだと思われる。

全国紙や全国テレビ放送局の多くはなぜ原発問題と正面から向き合わないのか。これら大メディアには、「原発推進」という国策に無批判に相乗りし、ときにはそれを煽ってきた歴史がある。そういうなかで、彼らは多額の広告費をもらい、業界関係機関にも関与し、原子力業界と密接な関係を結び、原発推進塔、広告塔の役割を果たしてきた。そしてその内部では、権力を監視するのではなく「自分たちも権力の一角にいる」という発想で、権力と同じような思考回路が形作られてきた。だからこそ、これらメディアの幹部らが、政府の委員会や審議会委員などになるわけだ。その結果、メディアは政府の方針に異を唱えづらくなり、名実ともに権力に取り込まれてしまった。

今回の原発事故関連報道では、メディアに内在するこういった根源的問題が、わかりやすい形で表れたのだと感じる。このようなメディアのあり方は、国策と軍部に追随し、大本営発表を垂れ流した戦中と本質的に変わりがないと断じざるを得ない。

それでは、メディアには、原発問題に関して、今後どういった報道を期待すべきか。今回の原発事故に関する本格的な調査報道はもちろん必要だが、それとともに、メディア自身が、今回の報道も含め日本の原発創世以来どういった役割を果たし、どのような報道をしてきたかを批判的、自覚的に検証し、そこから出てくる問題点と正面から向き合う必要がある。

大メディアが抱える問題の根は深いが、改革しなければ、テレビや新聞などの大メディアは人々から見放されてしまうのは必定だ。事実、今回の原発事故報道に接して、市民のかなりの部分は、政府や東京電力とともに、新聞やテレビも信用しなくなっている。

もちろん、私たち市民は、メディアのなかで良心的な取り組みを続けてきた現場の記者や制作者たちに対して叱咤激励する必要もあるが、一方で改善の見込みがなければ、新たなメディアを作り上げていくという決意も改めて求められるかもしれない。

6 暴走を続けかねない特捜検察の監視も重大な使命

小沢一郎民主党幹事長をめぐる政治資金事件について、捜査は一段落がついたものの、その報道をめぐっては重大な課題が残された。その第一は、政府・民主党サイドからの報道への露骨な牽制、介入が試みられたことである。例えば、民主党が立ち上げた「捜査情報漏洩問題対策チーム」の設置(二〇一〇年一月一八日)や、「関係者によると」などとする報道は公共の電波では不適である旨の原口一博総務相の発言である(同年一月一九日の閣議後の会見)。

前者の対策チームについては、検察のリークだけでなく、それを報道したメディアにも矛先が向けられているのは確かだ。公権力をはじめ取材源から情報を入手し、伝える取材・報道の自由に対して、与党がこれに介入して規制するのはもとより許されない。公務員の守秘義務違反を振りかざせば、市民や社会が知るべき重要な情報が出なくなり、権力への監視も難しくなる。また、原口発言については、放送免許も付与する監督官庁のトップの地位にある総務大臣が、違法とは言い難い個々の報道手法を非難するのは報道の介入や萎縮につながり、表現の自由を実質的に侵しかねない乱暴な横槍だ。

第二に、この間の一連の小沢疑惑事件の報道のあり方は、メディアやジャーナリズムにとっても真剣に自己検証し、克服すべき課題を抱えている。例えば、検察官や政治家など公権力に関わる人の発言は、可能な限り情報源を特定し、明示することが求められるべきで、「関係者によると」式の報道は自戒すべきだ。権力の行使者が説明責任を果たし、市民に知る権利があるとすれば、発信者を特定し、また報道するのは当然で、そもそも読者や視聴者は誰が発言しているのかもわからずに情報を的確に判断できるはずもない。情報源隠しは、情報提供者による情報操作の手段にもなりかねない。裁判員裁判のための取材・報道指針で情報源の明示を掲げたにもかかわらず、一方で「関係者によると」とする記事を連日報道してきたメディアの神経を疑わざるを得ない。

主要メディアを中心に、今回の一連の報道を考えると、メディアは全体として検察の意図と筋書きに乗せられて、そこからの情報を大筋、無批判的に追認し、報道してきたと感じざるを得ない。他方で、贈収賄や不正献金の根拠もないままに政治資金の虚偽記載というレベルだけで国会議員を含む秘書を三人も逮捕し、小沢氏への聴取も行なった検察捜査の行き過ぎや恣意的で不公正な権限行使へのチェックはほとんど欠落してきた。これでは、メディアは検察にいいように利用され、また政府与党の報道介入に口実を与えるのがおちである。

メディアは、小沢幹事長の政治とカネの取材、報道に全力を注ぐだけでなく、正義の味方の仮面のもとに暴走を続けかねない特捜検察の監視、チェックもジャーナリズムの重大な使命であることを肝に銘ずる必要がある。

7　検察審査会強制起訴のチェックこそジャーナリズムの任務

二〇一〇年一〇月四日、東京第五検察審査会が小沢一郎・民主党元代表を起訴すべきだとする議決を公表した。これを受けて新聞各紙はいっせいに、議員辞職を含む出処進退を厳しく問う社説を掲載し、小沢バッシングの論調一色に染まったことは、本節6でも紹介されたとおりである。

今回の報道全体を見渡してみると、メインストリームメディアの代表格である新聞が権力監視という本来期待される役割を果たせず、ジャーナリズムの劣化がいっそう進みつつあるという現実を改めて痛感させられた。

今回発動された検察審査会の強制起訴の仕組みは、裁判員制度なども含む司法制度改革の一環として二〇〇四年の改正検察審査会法で定められ、二〇〇九年五月から施行された。それまで起訴権限を独占してきた検察官に加えて市民からなる検察審査会も新たに起訴権限を行使することになるので、ジャーナリズムの観点からは、起訴の濫用はもとより、不当過剰な権限行使への監視とチェックこそメディアの重大な任務でなければならないはずだ。が、新聞をはじめとするメインストリームのメディアには今回の議決や強制起訴の制度がはらむ問題点を批判的に提示、検証する姿勢は、一部の記事を除いて、ほとんどみられない。

例えば、今回の強制起訴の議決について言えば、今回罪に問われるべき対象は政治資金規正法上の虚偽記載とされるが、第一義的に責任を負う会計責任者に対して小沢氏が共謀した旨を具体的に、明確に立証できる根拠が提示できているとは言いがたく、それを支えているのは捜査段階での（小沢氏とのやり取りをめぐる）秘書の供述調書に過ぎない。検察官によりまとめられた供述調書に無批判に依拠し、それを吟味、検証することなく罪を問おうとするのは起訴のハードルを著しく下げ、過剰な起訴や濫用の危険がある。新聞は、権力監視の視点から、まさにこういう基本的で本質的な論点に切り込むことが求められたはずなのに、これにこだわる新聞報道は、数少ない識者の談話などを除くと、ほとんどないと言っていい。

そもそも、検察審査会の強制起訴の仕組み自体がジャーナリズムの立場からみて自明のものかどうか、メディアは思考停止せず、検討や検証をすることも必要だ。報道機関として、またジャーナリズムの担い手としてのメディアにとって権力を監視、チェックすることが欠かせないとすれば、まず何よりも優先すべき課題として取り組まなければならないのは、人を起訴する権限や仕組みを増やし、広げることではなく、無辜の市民を間違っても起訴したり、政治的、恣意的に起訴したりすることをなくし、防ぎ、根絶することではないか。

そのための社会的な取り組みの一つとして、ジャーナリズムは検察や審査会による起訴権限行使の監視とチェックが強く求められている。

第2節　秘密保全法案と共通番号制

1　尖閣ビデオ流出問題で情報統制強化を狙う菅政権の逆コース

尖閣諸島沖での中国漁船衝突ビデオ流出事件をめぐり、流出を認めた神戸海上保安部所属の保安官である一色正春主任航海士への任意の取り調べが続けられた後、二〇一〇年一二月二二日、警視庁は国家公務員法の守秘義務違反容疑で書類送検したが、東京地検は不起訴処分（起訴猶予）とする方針を固めた模様だ。なお、一色航海士は二〇一〇年一二月二二日に停職一二カ月の懲戒処分を受け、依願退職している。もっぱら情報の公開と統制の角度から今回の問題を改めて考えてみたい。

政府は、今回のような映像を一般に公開せず非公開とした一方、一部の国会議員は約七分弱に編集した映像を視聴した。対象となったのは、領海上で二度にわたる衝突が発生し、公務執行妨害の容疑で中国船の船長も逮捕されたという重大な事案であり、衝突事件の真相を示す貴重な資料、情報である。公共性、公益性が極めて強く、知ってしかるべき情報として国民の知る権利に適うと考えるのは当然だし、現に多くの国民も映像の公開を望んでいた。

法制度上は、海上保安官も服する国家公務員法は、公務員に対して職務上知りえた「秘密」の漏洩を罰則付きで禁じているが、公務員がもつ情報をすべて対象にしているわけではもちろんない。国民に知る権利があり、情報公開制度があることを前提とすれば、守秘義務の対象となるのは、本当に保護に値する「秘密」に限定されるべきで、最高裁の諸判断もこれを認めてきた。

だとすれば、国会議員が視聴し、映像の様子を説明したことは秘密の属性である非公知性を欠かないか。加えて、一時期、元保安官のみならず海保職員であれば誰でも海保撮影の映像を見られる状態だったことも判明しており、どの程度秘密の実質をもちうるのか疑問だ。また、捜査資料は非公開として刑事訴訟法でも定めているものの、中国船の船長は釈放され、捜査は事実上終結していて、那覇地検も起訴猶予とする見込みで、非公開の理由に乏しい。さらに、秘密は政府の恣意で左右されてはならないとすれば、外交カードを理由に安易にこれを認めてはならないはずだし、今回の映像資料は条約締結などの外交交渉の過程での交渉内容などとも根本的に異なるので、守秘義務の対象になるのか疑わしい。

こう見てくると、知る権利をはじめ公開を支える理由は説得力が強いが、秘密保護など非公開を支える根拠はあまりにも薄弱だと言わなければならない。刑事訴追を断念する方向なのはけだし当然である。情報の非公開を改め、公開を進めていくことこそ、民主党政権に求められる。にもかかわらず政府は情報漏洩の罰則の強化などをはじめ機密保全対策を検討する委員会を設置し、情報の統制を強めようとしている。民主党政権は、密約を調査し、報告書を公表し、情報公開法改正の見直しも進めようとしてきたのだが、まさにこれにも逆行する動きにほかならず、厳しく批判されなければならない。

2　尖閣諸島沖映像流出で政府が狙う秘密保護法案

政府の「秘密保全のための法制の在り方に関する有識者会議」（座長・縣公一郎早大教授）が、二〇一一年八月八日、「秘密保全のための法制の在り方について」と題する報告書を枝野幸男官房長官（当時）に提出した。政府による情報統制を拡大強化し、市民の知る権利やジャーナリストの取材を脅かす危険な提案だ。

報告は、政府の情報がネットワーク上に流出し、世界的規模で広がる事態が生じているのに現行法では秘密保全の対象範囲が包括的でなく、罰則の抑止力も不十分なので、秘密保全法制を早急に整備すべきことを求めている。

具体的には、九・一一の後自衛隊法の改正によって導入された防衛秘密法制も取り込んだ一つの法律を新たに策定して、①国の安全②外交③公共の安全と秩序の維持の三分野の情報を「特別秘密」と位置づけ、その漏洩行為に対して懲役五年や一〇年とする重罰を科すとともに、漏洩のみならず違法不正な取得行為や漏洩の教唆・扇動行為も犯罪として、ジャーナリストも含む一般人をも処罰対象に加えることなどが提案されている。なお、報告では、提案している特別秘密は現行の情報公開法が開示情報としていない不開示情報に当たるのだから国民の知る権利を侵害するものではない、とも弁明している。

しかしながら、報告の提案には根本的に疑問を抱かざるを得ない。まず第一に、今回の動きの直接的な契機は、尖閣諸島沖での中国漁船と海上保安庁巡視船の衝突映像流出事件だった。衝突映像を非公開にした政府は流出を受けて今回の会議を立ち上げたのだが、そもそも映像が秘密として保護に値する情報かどうかきわめて疑問で、むしろ国民が知ってしかるべき公共的な情報に他ならないとの批判が強い。今回の流出や漏洩を理由に情報漏洩の規制を強めるのは筋違いもはなはだしく、必要なのは情報公開の徹底だ。

第二に、現行の秘密保全法制の不十分性を指摘しているが、これも公正な事実認識とは言い難い。例えば、軍事秘密についてだけでも、自衛隊の守秘義務、米国から供与された装備品等の秘密、米軍の機密など二重、三重の秘密保護法制が用意されてきたのに加えて、近年では先に記した防衛秘密法制や二〇〇七年に日米間で取り結ばれたＧＳＯＭＩＡと言われる軍事情報包括保護協定など軍事情報の統制がいっそう進み、秘密の闇に隠されるおそれを強めている。こうした軍事情報の統制に加えて、外交や公安に関する情報まで規制を一気に広げ、罰則を強化することになれば、知る権利や情報公開は形骸化がますます進むことになる。

第三に、民主党は情報公開の拡充を選挙公約に掲げ政権に就き、先の国会では知る権利を明記し、防衛・外交・公安などの不開示規定の公開を広げる情報公開法改正案を国会に提出している。今回の報告が提起する秘密保全法制の強化はまさにこれに逆行する動きにほかならず、民主党政権に求められるのは情報公開の強化拡充である。

3　漏えい教唆が処罰対象／取材の自由を脅かす秘密保護法制の拡大

民主党政権は、二〇一二年の通常国会に秘密保全法案の提出を目指し、法案づくりを進めている。法案のベースとなるのは、先に本節2で紹介したように、政府の有識者会議（「秘密保全のための有識者会議」）が二〇一一年八月八日に公表した報告書（「秘密保全のための法制の在り方について」）で、秘密保護法制の拡大強化が提案されている。

まず第一に、こうした提案が唐突に出されているわけではなく、とりわけ二〇〇一年の「九・一一」以後、軍事の領域を中心に進められてきた秘密保護法制の拡大強化の延長線上に位置づけ、考えることが肝要だ。

例えば、「九・一一」以後、テロのどさくさにまぎれて、自衛隊法の改正という形で、新たに「防衛秘密」法制が創設された。この仕組みは、従来の自衛隊員の守秘義務規定に加えて、自衛隊や防衛に関する広範な情報について、防衛相に「防衛秘密」を指定する権限を委ね、自衛隊員だけでなく、そうした秘密を扱う一般公務員や民間の防衛産業の従業員なども広く漏洩処罰の対象とし、重罰を科す、などというものだった。

さらに、二〇〇七年には、日米両政府は一般にGSOMIAと呼ばれる軍事情報包括保護協定を取り結び、日米間で相互に軍事秘密を提供した場合、相手国の了承なく第三国に提供することを禁止し、さらに情報受領国（例えば日本）に対して譲渡国（例えば米国）と同程度の保護措置を義務付けるなど、両国間で秘密保護を確保しようとするものだ。

今回の法案の内容については有識者会議報告書の提案も受けて、国家秘密の中でも重要な、①国の安全②外交③公安の三分野の情報を「特別秘密」と位置づけ、その漏洩行為に対して懲役五年ないし一〇年とする重罰を科すとともに、漏洩のみならず違法不正な取得行為や漏洩の教唆・扇動行為も犯罪とし、処罰する方向が目指されている。

先に記した防衛秘密法制も組み込むとともに、外交や公安に関する情報まで一気に広げ、重罰のもとに特別の保護を強める今回の提案は、知る権利や情報公開を侵害する企てにほかならないが、とくにジャーナリストやメディアの取材の自由のあり方にも深くかかわることに留意が求められる。

とくに、漏洩の教唆・扇動行為も処罰対象と考えられているので、なかでも漏洩の教唆は、ジャーナリストや記者の取材の自由を不当に侵害するおそれが強い。有識者会議の報告書では、正当な取材活動が処罰対象とならない旨判例上確立しているから取材の自由が不当に制限されることはないと述べている。しかし、そこで示されている外務省機密漏洩事件最高裁決定は、「社会観念上是認できない」法令に触れない行為であっても違法性を帯び、男女関係に絡む取材手法は正当な取材活動の範囲外として、処罰を正当化しているので、取材の自由の保障があるとはとうてい言えまい。

4　秘密保全法は知る権利や取材の自由と両立できるのか

民主党政権が通常国会への法案提出を進める秘密保全法制が、情報統制を強め、知る権利や取材の自由を脅かす危険な企てであることを前の本節2および3でも指摘してきた。法制のベースになったのは有識者会議の報告書だが、ここでは、知る権利や取材の自由との関係についての報告書の弁明をくわしく検証してみたい。

報告書はその中で「国民の知る権利等との関係」という項目を特別に設け、提案している秘密保全法制は国民の知る権利を害するものではなく、取材の自由が不当に制限されるものでもないと強調している。例えば、保護対象となる国の安全等の特別秘密は、情報公開法のもとで不開示情報に含まれるので、同法により具体化されている国民の知る権利を害するものではないと説明する。

しかしながら、一定の情報を法的に禁止し、罰則を科す秘密保全法制と、政府情報の開示請求権を国民に認め、政府に提供を義務付ける情報公開法とを同日に論ずることはできない。情報公開法上の不開示は秘密保全法上の規制の正当化にただちに繋がるわけではない。情報公開法の免除規定以上に、禁止行為や処罰は謙抑的でなくてはならないからである。

また、知る権利は、現行の情報公開法が定める範囲でしか認められないという権利ではない。法律に合わせて知る権利の内容や範囲を限定するのではなく、政府情報の開示請求権を保障する憲法上の知る権利の観点から、情報公開法上の開示や不開示のあり方を原則公開の方向で判断し、評価すべきであるという立場からすれば、現行の情報公開法の規定を根拠に、知る権利侵害を否定する報告書の説明は説得的とは言い難い。

さらに、漏洩の教唆罪と取材の自由については、正当な取材活動は処罰対象とならないことが判例上確立しているし、特定取得罪も犯罪に該当するか、社会通念上是認できない行為に限って処罰対象とするのだから、正当な取材活動を規制するものではないというのが報告書の理由付けである。

しかしながら、報告書が依拠している外務省機密漏洩事件の最高裁決定は、刑罰法令に触れないものであっても、「法秩序全体の精神に照らし、社会通念上是認することができない」場合には正当な取材行為の範囲を逸脱し、違法性を帯び、男女関係に絡む取材手法は正当な取材活動の範囲外として処罰を正当化しているのだから、取材の自由の保障があるとはとうてい言えない。教唆罪や特定取得罪について、刑罰法令や犯罪に該当する場合を越えて、あいまいで不明確な「社会観念上」、「社会通念上」是認できない行為までも処罰の対象としているのだから、記者やジャーナリストの取材活動が規制対象となる可能性はぬぐいがたい。

秘密保全法制は知る権利や取材の自由と両立するのは困難と言わざるを得ず、断念させるしかない。

5　秘密保全法案の「提出見送り」報道はミスリーディング

本節2～4でも繰り返し批判してきた秘密保全法制の政府提案について、政府・民主党は二〇一二年三月一九日、法案の今国会提出を見送る方針を固めたと報じられた。慎重な対応の必要や、提出を決めているわけではない旨の同日の藤村修官房長官による記者会見発言などを受けてのものだが、こうした発言と「見送り」報道を安易に見過ごしてはならない。

法案のベースを敷いた有識者会議が議事録さえ作成せず、委員の発言メモが破棄されるなど法制の本性が露になり、批判が強まっているのもたしかだが、だからといって、官房長官は今国会への法案提出の見送りを明言したわけではない。「提出見送り」報道はミスリーディングと言わざるを得ない。いわんや法案そのものの提出を今国会を問わず金輪際断念したというわけではさらさらない。

官房長官発言の意味をどのように理解すべきか。一つは、法案があまりにも問題が多いことの告白にほかならないことだ。外交や公共の安全と秩序維持も含む膨大な秘密を設定し、国家公務員だけでなく、警察官などの地方公務員、大学や民間企業の職員も規制対象とし、秘密の漏洩だけでなく、特定取得行為という探知収集もともに厳罰で禁圧し、適性評価制度という形で秘密を取り扱う人を調査し、排除する仕組みまで導入し、議会と裁判所へも保全措置を求めるなど、有識者会議の報告が示す法案の青写真は秘密保護のオンパレードで、知る権利や取材の自由を根絶やしにしかねないからだ。

発言のもう一つの意味は、法案は絶対成立させるという確固とした意思表明でもある。なぜならば今回の提案は、これまでの秘密保護法制の強化、拡大の再編のなかの一環として位置づけられるべきだからだ。一度挫折した国家秘密法案は、「九・一一」に乗じて自衛隊法改正の形をとって防衛秘密法制として成立した。

さらに日米の軍事一体化の進展のなか相互の軍事秘密の提供と共有が強く求められ、二〇〇七年には一般にGSOMIAと称される軍事情報包括保護協定も結ばれた。秘密保全法案は、統治する側の国内的な情報コントロールのあくなき追求だけでなく、米国からの国際的な要請への反映でもある。

メインストリームのメディアも今のところは、秘密保全法案に対して批判的な見地を維持しているように見える。しかしながら、メディアの対応を見て、今後姑息な修正に向かう可能性も否定できないと私は危惧している。国家秘密法修正案の際の報道機関の免除規定導入、個人情報保護法案のときの基本原則の修正、削除のように。これらにより、メディアは分断され、批判の矛先は鈍り、後者では法律も可決成立してしまった。こうした苦い経験をかみ締め、メディアは秘密保全法案に決然と対峙し続けることが必要だ。

6　共通番号・IDカードの国際動向に学べ

民主党政権は、二〇一二年四月二八日、税と社会保障の一体改革の名のもとに、税分野と社会保障分野に共通する番号「共通番号」を国民一人ひとりに付けて管理する番号法案の「要綱」を決定した。住基ネットや住基カードと相まって、新たな装いの国民総背番号制の企てに他ならない。ここでは、これを考える上で参考になる国際的な動向を一瞥してみたい。

共通番号制（国民背番号制）については、例えば、米国のＳＳＮ（社会保障番号）の制度では、官民を問わず、社会保障、教育、納税、預金口座など、身分証明証として広く利用されてきて、なりすまし（身分盗用）などが多発し、深刻なプライバシー侵害に直面していると言われている。またスウェーデンでは、税の捕捉や社会保障の適正な運用等の目的から、一〇桁の番号（ＰＩＮ）が国民に振られ、広範な個人情報がコンピュータで管理されてきたが、個人情報の保護に責任をもつ機関の担当官さえ、このＰＩＮは銀行の口座番号などほとんどすべての記録にアクセスできる鍵が得られ、他人の身分を盗用する危険が生ずるなどプライバシーの脅威となることを警告している。さらに、ドイツでは、連邦憲法裁判所が、国勢調査についての事案で、個人データの結合行為等に対して厳しい規制を課す判決を下し、個人情報の保護を図ってきた。

ＩＤカードの制度についても、住民登録制度をもつ韓国では、政府のＩＣチップ内蔵の「電子住民カード」導入構想は国民の反対で挫折したし、九・一一以後、市民監視が強まる米国でも導入の動きがあるが、いまだ実現していない。

さらに、イギリスでは、二〇〇六年労働党政権のもとでＩＤカード法（Identity Cards Act）が成立し、ＩＤ登録簿（National Identity Register）という形の国民登録制度が創設された。これとともにいろいろな目的でつかえるＩＣチップ内蔵のＩＤカードを発行し、運用することとなった。

これに対して、市民団体などからは、国民を対象とした全国規模の巨大データベースを作り上げ、他の諸々のデータベースと結合することによって、政府が国民のあらゆる情報を利用できることを可能とする仕組みに他ならず、プライバシーなど市民的自由に深刻な脅威をもたらす挑戦として警鐘を鳴らしてきた。こうしたなか、二〇一〇年に誕生した保守党・自由民主党連立政権はＩＤカード法の廃止法案を提出し、廃止が決定したことが伝えられた。

新聞などメインストリームのメディアは、共通番号制やＩＤカード化の方向について国民総背番号制など過剰な国家管理の観点からの本質的、批判的な吟味を提示していないだけでなく、こうした提案に基本的に賛同するスタンスをとっているのは権力監視を本務とするジャーナリズムに背馳している。本稿で紹介した国際的動向から教訓を真剣に学ぶべきである。

7　住基ネット訴訟終結／「共通番号制」でも権力監視を受け継げ

最高裁は二〇一一年五月、全国一七の住基ネット差し止め訴訟の中の北海道訴訟の上告を棄却し、二〇〇二年七月、東京地裁に第一次の提訴をしてから九年、全国訴訟は終結した。二〇一一年一〇月はじめには、差し止め訴訟の弁護団と訴訟を支援する会合同の総括会議も開催された。先の本節6でも記したように、民主党政権のもと、税と社会保障に共通する番号を国民一人ひとりに付して管理する「共通番号制」の導入が図られようとしているなか、住基ネット訴訟の意義を改めて確認し、今後に残された課題を提起してみたい。

訴訟は、四五〇人の住民が、全国一四の地方裁判所・一七の裁判体に、住基ネットの差し止めを提起し、一五〇人の弁護士のもと統一、全国訴訟として取り組まれ、訴訟を支援する会も生まれ、活動を進めた。

差し止め訴訟の第一の意義は、巨大な国策たる住基ネットに対して市民からの異議申し立てが提起され、全国的、国民的運動として取り組まれたことだ。とくに、人間の尊厳とプライバシーを掲げて、監視社会に対して正面から対峙し、異議を申し立てたことはこの国の民衆運動にとって画期的な意味をもつだけでなく、裁判を軸に広範な市民運動として展開されたことは国際的にも注目に値する経験ではないか。

第二に、こうした運動の中で貴重な成果も生み出すことができた。原告側は自己情報コントロール権としてのプライバシーの権利を正面から提起し、データマッチングをはじめ住基ネットの危険性を暴露した。そういう中で、金沢地裁と大阪高裁で画期的な住基ネット違憲判決を勝ち取ることができた。最終的には、最高裁の合憲判決がこれを覆したとはいえ、自己情報コントロール権の考え方やデータマッチング批判は権力の側も簡単に無視できない制約として働く一面が生じた。

また、メディアについても、金沢地裁の違憲判決について圧倒的多数の全国紙、地方紙が判決を支持する社説を出し、最高裁の合憲判決についても、同じく圧倒的多数の新聞が判決に疑問を提示する社説を掲げたように、住基ネット訴訟は重要な影響を与えた。

訴訟自体の終結を受けて、弁護団や支援する会も同じく組織を閉じ、活動を終えることになるが、住基ネット自体は稼動しているし、なかんずく、民主党政権のもと二〇一一年六月には「社会保障・税番号大綱」が公表され、共通番号制の導入に向けて突き進みつつある。共通番号制は住基ネットとともに、現代版国民総背番号制にほかならない。

にもかかわらず、共通番号制を批判する声や運動は住基ネットのときと比べ極端に少なく、全国紙をはじめとする主要メディアも共通番号制を支持し、容認する方向にほぼ傾き、権力を監視するジャーナリズムの姿勢に乏しい。住基ネット訴訟の経験も受け継ぎ、共通番号制に挑むことが私たちに何よりも求められている。

8　共通番号制と秘密保全法制／情報は誰のものか

共通番号法案（マイナンバー法案）は民主・自民・公明三党による修正協議を経て、衆院内閣委員会で審議入りする可能性が強まりつつある。民主党政権は、本書でも何度か取り上げてきた秘密保全法制についても法案化を目指している。この二つの提案はなぜ一緒に出てくるのか。お互い別々の無関係な提案なのだろうか。そうではなくて、根っこのところでつながっているというのが私の認識だ。

共通番号制も秘密保全法制もともに国を統治し、管理する側からの「情報の統制・コントロール」という基本的な政策とアプローチの現れだと考えるからである。ここでいう統制やコントロールには、情報の秘匿や禁圧だけでなく表現やメディアへの規制も含み、また市民に関する広範な情報を積極的に収集、管理、利用する活動や市民への監視も射程に収めている。こうした情報の統制とコントロールの根源にあるのは「情報はお上のもの」との根深い発想にほかならない。

秘密保全法制はそうした情報はお上のものであることを国家の秘密に即して示そうとする提案だ。国の安全、外交、公共の安全と秩序の維持という広範な国の情報を「特別秘密」として漏洩・取得・教唆等を禁圧し、重罰を科すだけでなく、秘密を扱える人を調査・選別し、国会や裁判所へも保全を求めるというのだから、重要な国の情報はお上の意のままに秘匿され、操作されるなかで、ジャーナリストの取材も制約され、ますます市民の届かないところに置かれることになる。

共通番号制の導入は、市民に関する情報の収集・管理・利用という情報の統制とコントロールのもう一つの側面を示している。市民の情報を把握し、利用する有効なツールの一つは、データベース化されているさまざまな情報をつなぐ枠組みを制度化することで、この点では全国民の巨大なデータベースを構築し、国家による市民管理の重要な基盤的制度としての役割を担う住民基本台帳ネットワークシステムがすでに成立、運用されてきた。

しかしながら、今回の共通番号制は税と社会保障に関する市民の情報について名寄せや突合、データマッチングを当然とし、医療情報も今後取り入れ、民間利用も前提、射程に収め、番号の警察利用も可能とし、番号カード（ＩＤカード）の利用が広がり、国内版パスポートの役割を果たすなど、住基ネットをはるかにしのぐ本格的な総背番号制が企図され、市民への管理と監視を徹底する装置が構築されることになる。

情報は誰のものか。情報はお上のものとする統治者や官の側からの情報の統制とコントロールに抗して、「情報は市民のもの」との立場から、知る権利と情報公開の徹底、表現・報道の自由の擁護、プライバシーと自己情報コントロール権の確立を目指して、秘密保全法制と共通番号制を退け、情報を市民に取り戻す課題が私たちに求められている。

第3節　人権侵害救済法案から人権委員会設置法案へ

1　表現の自由を狭めかねない人権侵害救済法案

二〇〇九年九月一七日の就任会見で、千葉景子法相は人権侵害救済機関の創設に向けて早急に取り組むことを述べ、鳩山由紀夫首相も、二〇一〇年二月三日の参院本会議での代表質問に対する答弁で、人権侵害救済法案を「できる限り早期に国会に提出できるよう」表明した。こうした提案は、表現の自由やジャーナリズムにとってどのような意味をもつものなのだろうか。

かつての自公政権は、表現やメディアにかなり乱暴に介入し、規制する一連の措置を矢継ぎ早に提起していった。その典型が、個人情報保護法であり、人権擁護法案だった。前者は、二〇〇三年に成立し、公共的情報などの隠蔽、秘匿が蔓延し、「匿名社会」が強まった。後者は、二〇〇二年に国会に提出されたものの、メディアによる人権侵害も規制対象とするなど批判を浴び、翌年廃案となった。民主党は、自公による人権擁護法案に反対し、人権侵害救済法案をとりまとめ、二〇〇五年には国会に提出したものの郵政解散により廃案になった。二〇〇九年の総選挙でも、民主党はマニフェストや政策集の中でこの法案も示しつつ、人権侵害救済機関の創設を掲げてきた。

民主党の構想は、二〇〇五年に提出した法案がベースになるのは間違いないと思われる。人権擁護法案と異なり、民主党法案は、メディアによる人権侵害（犯罪の被害者等に対する名誉や生活の平穏を侵害する報道と取材が広く列記されている）については、創設される人権救済機関による調停・仲裁、勧告・公表等の措置や立ち入り検査等の調査（特別救済手続）の対象から外し、報道機関に対し自主的な取り組みに努めることを義務付けている。

訓示規定、努力規定にとどめ、規制色を弱めているのは確かで、表現の自由への一定の配慮が窺えないわけではない。が、ひとたびこの種の規定が設けられると、これまでの経験からすると、メディアの人権侵害に対して、人権救済機関だけでなく監督・関係官庁などが行政指導などあれこれ使って、介入や規制を図ろうとすることが憂慮される。また、メディアの自主規制が不十分だと言って、権力の側から「自主規制」の強化を押し付けたり、訓示規定、努力規定を止めて、本来の特別救済手続に格上げする、などという事態も想定される。

もう一つは、民主党法案では、メディアによる人権侵害は特別救済手続の対象からは外されているものの、被害者等への援助、加害者等への指導、告発など一般救済手続の対象にはなっているので、これを通した人権救済機関による取材、報道への介入、規制の余地は十分ありうることになる。さらに、指摘する必要があるのは、民主党法案では、人権擁護法案と同様に、差別的言動と差別助長表現を特別救済手続の対象に正面から据えることによって、差別をめぐる表現が過剰に規制されるおそれがあることである。

今後、国会に提出される法案に対し、厳しい監視と警戒が求められる。

2 市民も規制の対象！／表現の自由を脅かす人権委員会設置法案

人権救済機関設置に向けた動きが進んでいる。法務省は二〇一一年八月二日に公表した法務省政務三役による「新たな人権救済機関の設置について」と題された「基本方針」に続いて、同年一二月一五日、同三役名の「人権委員会の設置等に関する検討中の法案の概要」を公表した。先に本節1で、政権についた民主党が進めつつあった人権侵害救済法案について批判したが、今回示された人権委員会設置法案も表現や報道の自由を脅かす危険な提案だ。

かつての自公政権は二〇〇二年、人権擁護法案を国会に提出したものの、メディアによる人権侵害も規制対象とするなど批判を浴び、翌年廃案となった。野党だった民主党は人権擁護法案に反対して、人権侵害救済法案を国会に提出し、その後の総選挙に際しマニフェストや政策集の中で人権侵害救済機関の創設を掲げた。メディアによる人権侵害については、報道機関に対し自主的な取り組みに努めることを義務付けるという構想だった。

今回の「基本方針」や「概要」によると、設置法案の骨子は、不当な差別、虐待その他の人権侵害および差別助長行為をしてはならない旨を規定する、法務省の外局として「人権委員会」を設置する、人権侵害の調査を任意で実施し、罰則は設けない、措置として援助、調整、勧告、告発などを行なうことができる、報道機関等による人権侵害については特段の規定を設けない、訴訟参加と差し止め請求訴訟については当面導入しない、などである。

今回の提案は、報道機関の規制条項を設けないなど一見表現の自由や報道の自由に配慮したかのような設計になっているが、実際はまったくそうではない。報道機関に対する特別の規制条項は設けられていないのは事実だが、だからと言って報道機関による取材や報道による人権侵害が規制の射程から免除され、除外されているわけではまったくない。

なぜならば、救済の対象は「差別助長行為」とともに、不当な差別、虐待「その他の人権侵害」とされているので、報道機関による人権侵害は正真正銘の人権侵害に該当するからだ。現に法務省が用意したQ&A（二〇一一年一二月六日）でも、報道機関に関する特別規定は置かないが、「一般の国民や企業と同じ取扱いになるだけで、マスコミを優遇しようとするものでは」ない旨明快に説明している。また、人権侵害と並んで、「差別助長行為」がもう一つの救済対象となっているので、報道機関による表現もこうした規制の網にかけられることは自明だ。いずれにしても、人権侵害や差別助長行為に違反する言論や表現は、報道機関だけでなく、一人ひとりの市民にも規制の矛先が向けられることになる。

法案は、人権擁護法案やかつての人権侵害救済法案に勝るとも劣らない危険な表現・報道規制の企てにほかならず、断念させるしかない代物だ。

3　表現規制を狙う人権委員会設置法案／求められる批判的吟味

民主党政権のもとで新たに人権救済機関を設置する人権委員会設置法案に向けた動きが進みつつあることを前の本節2で批判的に検討したが、メインストリームのメディアはもとより、ジャーナリズムや市民運動などでも警戒感は希薄である。今回の法案はかつて自公政権により提出し、廃案となった人権擁護法案に勝るとも劣らない表現規制立法であることに改めて注意を喚起したい。

人権擁護法案は、法務省のもとに人権委員会という救済機関を設置し、差別や虐待と並んでメディアの人権侵害や差別表現を広く規制対象とする提案だったが、当時野党だった民主党はこれに反対するとともに、自らの人権侵害救済法案を国会に提出した。民主党案は、メディアによる人権侵害については、創設される人権救済機関による規制措置や調査（特別救済手続）の対象から外し、報道機関に対し自主的な取り組みに努めることを義務付けていた。

これに対して、法務省政務三役による基本方針や法案の概要等で示される今回の設置法案の骨子は、法務省の外局として人権委員会を設置し、救済対象として、「不当な差別、虐待その他の人権侵害及び差別助長行為」と定め、措置として援助、調整、勧告、告発などを行なうことができ、人権侵害の調査を任意で実施し、罰則は設けない。報道機関等による人権侵害については特段の規定を設けない。訴訟参加と差し止め訴訟についても当面導入しない。

設置法案の提案については、第一に、人権委員会を法務省のもとで設置することに示されているように、自公の人権擁護法案の枠組みが基本的に維持されており、その再来にほかならない。刑務所など人権侵害の危険をもつ管轄官庁が人権救済の機関を設ける本質的矛盾はまったく克服されていないままである。また、今回の設置法案は、報道機関による人権侵害を法的な規制対象から外し、自主規制に委ねた民主党のかつての人権侵害救済法案からはるかに後退していることは明らかだ。

何よりも、もっとも重大なのは、今回の提案には表現や報道を規制するさまざまな仕掛けが用意されていることである。救済の対象は、差別、虐待のほか「その他の人権侵害」とされており、ジャーナリストやメディアの取材、報道にかかわる人権問題が広く射程に収められる。差別の中には差別表現の規制も当然のことのように含まれるし、特定個人に対する差別表現を超えた「差別助長行為」も救済の対象に加わるので、市民の表現やメディアの報道は著しく狭められ、萎縮する。報道機関等に関し特段の規定を設けない旨の提案は、法務省自身が認めているように、マスコミを特別扱いしないというだけの話で、表現や報道が規制対象から免除され、除外されているわけではまったくない。

設置法案のような正真正銘の表現規制の企ては、断念させるしか方法はない。

4　表現の自由どうなる／国会に上程された人権委員会設置法案

解散、総選挙と政治の動きが慌しいが、その裏で政権の違いを問わず、もっと長いスパンで、お上の立場から情報を統制し、表現を規制する企てが着々と進められている。共通番号制しかり、秘密保全法制しかり、そして人権委員会設置法案しかりだ。

政府は二〇一二年一一月一九日、人権救済機関を新たに設置する人権委員会設置法案と人権擁護委員法の一部を改正する法律案を閣議決定し、衆院に上程した。これまでも本書でくわしく検討してきたが、今回法案になった時点で再度、検証しておく。

提案されている人権委の設置は、かつて自公政権下で進めようとした人権擁護法案の再来にほかならず、人権救済の名のもとに表現やメディアを乱暴に規制する企てだ。法務省の外局として、人権委員会を設置し、人権侵害を任意に調査し、説示、勧告をはじめ、援助、調整、通告、告発などを行なうことができると定めている。重要なことは、救済の対象となっているのはどのような行為なのかという点だが、法案は、「人権侵害行為」と「識別情報の摘示」の二つの類型を置いている（二条）。

前者の人権侵害行為とは、「不当な差別、虐待その他の人権を違法に侵害する行為」と定義されている。後者の識別情報の摘示というのは、法案上の用語ではないが、以前の案で「差別助長行為」と表示されていたもので、法務省人権擁護局作成の人権委員会設置法についてのQ＆Aでは、「部落地名総鑑」等と称する書籍類などを頒布する行為があげられると説明している。

前者の救済対象は、差別、虐待は単なる例示に過ぎず、「人権を違法に侵害する行為」が規制対象とされており、具体的な定義規定もなく、きわめて広範、包括的である。前記Q＆Aでは、憲法上の人権侵害のみならず民法、刑法などその他の人権に関わる法令に照らしての侵害行為や国際法上の人権侵害も含むとされている。当然、市民の表現活動やメディアの取材・報道などによる名誉・プライバシー侵害なども救済、規制の対象に含まれるし、差別表現も特定の人への差別的言動は人権侵害として、不特定多数への差別は識別情報の摘示（差別助長行為）として、それぞれ規制の枠に組み入れられる。

かつての人権擁護法案のように、報道機関による人権侵害を特別に設ける条項は削除されたが、このことはメディアの取材・報道が規制の対象から外されたことを意味するものではまったくない。Q＆Aでも「マスコミによる人権侵害行為も一般の国民や他の企業等と同様、調査・措置の対象になる」旨が記されている。

政治権力から独立した裁判官と裁判所ならいざ知らず、政府の一角を占める行政機関であり、しかも人権侵害を引き起こす可能性をもつ監獄を統括する法務省の外局にある人権委員会がそもそも表現や報道に介入し、判断するような制度設計を私たちは断じて認めてはならない。

第4節　青少年条例改正と児童ポルノ法改正

1　表現の自由に重大なインパクトをもたらす都の青少年条例改正案

東京都は、二〇一〇年三月四日、児童ポルノに関わる性表現規制を拡大強化する青少年条例の改正案を都議会に上程したが、マンガ家などをはじめとする強力な反対などもあり、三月議会では採択が見送られ、改正案は継続審議となったことは読者もご存知と思う。改正案の審議は六月議会で改めて行なわれるが、当初の改正案がそのまま進められるのか、修正が施されるのか、またそれらに対してどういう形の決着が図られるのか、現段階では不透明で、予断を許さない。今回の改正提案は、この国の表現の自由のありようにきわめて重大なインパクトをもたらすことが危惧される。

児童ポルノ法の改正をめぐっては、二〇〇九年六月に衆議院の法務委員会で参考人を呼び論議するなど国会でも審議され、そこでは自民、公明両党が単純所持罪を導入し、マンガ等の創作物規制も調査研究する規定を設ける法案を準備してきた一方、民主党は現行の児童ポルノの定義を狭め、限定化するとともに、有償ないし反復の取得罪を新設するなどの法案を提示してきた。修正協議の動きもあったが、その間に政権交代もあり、現時点では法改正に向けて直ちに進むという状況にはない。

そういうなか、都が提出したのが、青少年条例を改正し、①知事が、一八歳未満の「非実在青少年」による性交等を描写した創作物を新たに不健全図書に指定でき、販売業者等は、青少年への販売・頒布等をしてはならず、包装や区分陳列も義務付けられる、②何人も児童ポルノを所持しない責務をもつ、などをはじめ、③発行業者や販売業者は、関連の創作物については青少年の閲覧等に不適当である旨の表示、青少年への不販売等、包装や区分陳列などに努める、④官民一体となって、児童ポルノの根絶や関連の創作物のまん延を抑止し、青少年の閲覧等がないように努める、などを含む一連の措置だ。

今回の提案は、早い話、国のレベルで自公が企図しようとしてなお実現できていない単純所持罪とマンガなどの創作物規制を中核とする児童ポルノ法改正の実質化であり、その恰好の呼び水であり、先駆けに他ならない。都条例がそのまま改正されれば、現行法でもあいまいで広範な青少年条例の規制枠組みに、創作物規制と単純所持規制が加わることにより、青少年の性をめぐる創作の自由や、自由なアクセスと闊達な議論は著しく狭められことになる。これを機に、他の自治体も追随し、ひいては児童ポルノ法の改正にも重大な影響をもたらしかねない。

児童ポルノや性表現は表現の自由と無関係な問題ではまったくない。人々の道徳や内面にも深くかかわる事柄だ。言論表現の自由への抑圧や介入が、エログロ表現批難を口実に強められ、広げられた戦前の教訓を忘れるべきではない。それにしても、都条例や児童ポルノ規制を表現の自由の問題として正面から受け止めず、伝えられないメインストリームのメディアは本当にジャーナリズムの担い手たり得るのだろうか。

2　委員会で採決された治安対策濃厚な都の青少年条例改正案

東京都の青少年条例改正の動きについては、前の本節1でも伝えたが、改正案の審議が二〇一〇年六月一日開会の都議会でいよいよ始まった。

同年六月一一日、都議会の総務委員会で改正案に対する質疑がなされた。改正案についての党派の色分けは、民主、共産、生活者ネットの委員が反対、自民、公明の委員が賛成、という状況である。また、当日、自公は改正案に対する修正案を議会に提出した。同月一四日の総務委員会では、都や自公案などをはじめ審議のうえ、採決に付され、都の改正案と自公案ともに否決され、一定の区切りがついた。しかし、否決されても、新たな修正案の模索も含め、今後の都議会で引き続き試みられることは必定である。

自公による修正案は、青少年に関わるマンガ・アニメの性表現規制を本質とする改正案の骨格を根本的に改めるというのではなくて、例えば、規制の対象を新たに「漫画、アニメーションその他の創作された画像（実写によるものを除く。）」と明記するように加え、また「非実在青少年」に代えて「描写された青少年」に変更するとともに、規制対象の文言の一部に含まれていた「性的対象として肯定的に描写する」のくだりを、「性欲の対象として不当に賛美し又は誇張するように描写する」と変える、など若干の字句を口当たりの良いマイルドな装いにして、批判や反対をかわそうとする狙いがあるのは明らかだ。

改正案や修正案は、知事による不健全図書の指定とそれに基づく一連の規制（青少年への販売・頒布等の禁止、包装や区分陳列の義務付け）というダイレクトな法規制に加えて、二重の自主規制（一般的な販売等の規制措置と表示図書の規制措置）の網の目に青少年をめぐる広範な創作物が組み込まれることを意味する。この文脈では、自主規制は、表現の自由の観点から法規制を回避するための次善の策というより、法規制の代替策、先回り、自粛促進策として押し付けられるおそれが強く、いずれにしても規制する側からすれば、法規制であれ自主規制であれ、表現が抑制されればいいだけの話なのである。書店、出版社、著者の間で過剰な自粛が広がり、表現への萎縮が確実に進むことが危惧される。

さらに、今回の提案は、官民一体となって、児童ポルノの根絶や「青少年性的視覚描写物」のまん延を防止するとともに、何人にも児童ポルノを所持しない責務を課し、児童ポルノや青少年の性表現について適切な保護監督や教育を保護者等に努力責務として求めるなど、価値観や道徳にも踏み込んで、権力が個人や家庭の中にまで深く介入し、規制を強めつつあることである。そもそも発想自体が青少年の保護というより、治安対策の側面が色濃く窺われる提案だ。思想・表現の自由や自己決定権をないがしろにするパターナリズムや監視社会の一方的な押し付けを許してはなるまい。

3　正念場を迎えた青少年条例改正案／脅かされる表現の自由

東京都は二〇一〇年一一月三〇日、現行の青少年条例を改正する条例改定案を都議会に上程した。今回の動きは、マンガやアニメなどによる性表現規制、創作物規制を青少年条例中の図書規制に新たに組み込むことを中心とした企てであるが、これまで都が提出した改正案は民主、共産、生活者ネット・みらいなどの主張で、三月には継続審議となり、六月には否決されたし、改正案に対する議員提案の自公修正案も六月の議会では同じく否決された（これまでの経緯は、先の本節1および2参照）。が、今回新たな装いの改正案がまたぞろ提出され、今度は民主党も少なくとも現時点では党として反対の態度を明確には表明していないこともあり、改正案の帰趨は予断を許さない。

従来都が提案してきたのは、一八歳未満の「非実在青少年」による性交等の視覚表現物を図書規制の対象に加えるというものだったが、今回はこれを改めて、(1)刑罰法規に触れる性交や性交類似行為（以下、性交等と表記）、または(2)婚姻を禁止されている近親者間における性交等、を描くマンガ・アニメも新たに対象に加え、①販売・頒布等の自主規制、②不健全図書の指定と販売等・包装・区分陳列の法規制、③図書への表示と表示図書の販売等・包装・区分陳列の自主規制の対象に組み込むようにした。

文言は違ったが、マンガ・アニメ規制の本質はまったく変わっていないし、それどころか「青少年」の枠が外れたことで描写対象がむしろ無制限に拡大した。他にも、出版社等への勧告・公表制度の創設、都民の自主的取り組みを含む児童ポルノ規制、携帯電話・インターネット規制など、青少年保護を名目とした表現規制のオンパレードの観を呈している。このような都条例の改正案は、単純所持罪や創作物規制の導入を柱とする児童ポルノ法の改正強化の先導的実質化に他ならないし、もし改正が実現すれば、都条例のような方向での他自治体での青少年条例改正の呼び水となり、これらも受けた児童ポルノ法改正自体の重大な布石となるのも明らかだ。

そもそも、刑罰に触れる性的犯罪行為を法が規制するのはもとより当然ではあるが、それをマンガやアニメで描くことが何ゆえに法規制の対象になるか、根本的に疑問である。フィクションの世界だから、もとより実在する被害者はいないのに、なぜ規制を受けなければならないのか。近親相かんにいたっては、それ自体が違法行為でもないのにマンガ等での描写がなぜ規制されるのか、ますますって不可解である。マンガやアニメなどは人間の思想信条、道徳や価値観、芸術観とも密接にかかわる創作表現として、表現の自由の手厚い保護を受けるのが当然なので、説得的な具体的根拠も示されず規制されるわけにはいかない。表現の自由を軽々しく踏みにじる都条例の改正は、廃案しか選択の余地はない。

4　動き始めた児童ポルル法改正／表現規制を許すな

児童ポルノ法改正へ向けた動きが慌しくなってきた。この問題をめぐっては、二〇〇八年以来、自民、公明両党は、単純所持罪を導入し、創作物規制も調査研究する規定も設ける法案を準備してきた一方、民主党は現行の児童ポルノの定義を限定化するとともに、有償ないし反復の取得罪を新設するなどの法案を提示してきた。

そういうなか、自公は今国会でも法案を衆院に提出したが、民主党も二〇一〇年六月末に児童ポルノ法検討ワーキングチームで今国会に議員立法で提出する方針を確認した。二〇〇九年、自公と民主の間の修正協議で単純所持罪が合意されたものの衆院解散で廃案となった経緯を考えると、今回改正が実現する可能性は決して少なくない。

そもそも、現行の児童ポルノ法の枠組み自体が過剰な規制に傾いている。とくに、児童ポルノの定義として「衣服の全部又は一部を着けない児童の姿態であって性欲を興奮させ又は刺激するもの」という規定が置かれていて（二条三項三号）、これは規制対象が大変広く、また客観的とはいえない主観的要件も含んでいるなどの結果、いわゆる一般的なポルノや猥褻などだけでなく、それとかけ離れた単純なヌード、いわゆるソフトヌードといわれるような表現までも広く規制されてしまっている。

この点、少なくとも、欧米では、規制は詳細なポルノ的行為ないし猥褻的なものに限り、また芸術等の例外も許容して、ソフトヌードのような単純なヌードまで過度に規制されていないことがわかる。日本では過度に広すぎる現行規制に単純所持罪や将来の創作物規制が加わるとどういうことが想定されるか。

まず、市民の誰もが規制対象になるおそれがある。家族のアルバム写真、ヌードを含む写真集、雑誌のグラビア、家族・恋人の写真、本人の写真、さらにはメールで送り付けられた画像や悪意で送付された写真などの所持が広く処罰されかねない。また、芸術活動も広く規制の網にかけられるおそれがあり、作家や表現者の性をめぐる創作の自由は大幅に制約されることになる。

さらに、書店や出版社には児童ポルノ的な本は少なからず置いてあり、それらが摘発されるおそれがある。また、児童の裸を含む膨大な書物が整理、処分、引き上げられることになる。この規制のもとで、恣意的、政治的な捜査機関の権限濫用も懸念される。対象がきわめて広く、主観的な曖昧な要件（「みだり」など）が多いからだ。また、起訴や処罰ができなくとも、逮捕や捜索などの捜査権限や、さらには行政的権限行使もフルに活用される可能性がある。

過剰な規制を含む現行法をそのままにし、単純所持罪を新設したり、創作物規制の導入を図ったりする改正案は表現の自由への重大な侵害に他ならず、民主党は自公案に安易に擦り寄る修正に応じてはならない。

5　規制強化ではなく表現の自由を／児童ポルノ法改正

前の本節4で、児童ポルノ法改正へ向けた動きが慌しさを増し、自公による改正案提出とともに民主党も児童ポルノ法検討ワーキングチーム（WT）で改正案を審議し、今国会に提出する方針である旨伝えた。二〇一一年八月二日、WTによる案が決められたので、民主党案が同月上旬には提出される可能性が強まった。民主党は二〇〇九年に、定義の明確化や取得罪の新設などを柱とする改正案を国会に上程したが、今回のWTの案はいかなるものか。

まず何よりも、現行の児童ポルノ法の枠組み自体が過剰な規制に傾いていて、表現の自由への適切な配慮に欠けているため、改正の有無の出発点は新たな規制措置の前に、現行法自体の致命的な欠陥を抜本的に改善することが決定的に重要である。とりわけ、「衣服の全部又は一部を着けない児童の姿態であって性欲を興奮させ又は刺激するもの」という現行法の定義規定（二条三項三号）は広範で主観的な要件を含みおよそポルノとは無縁なヌードや水着姿まで広く規制対象に含む可能性があり、前回の民主党案がこの規定を削除したのはけだし当然だった。

にもかかわらず、今回のWTの案では、この規定を削除せず、一定の修正を付して存置することが示された。具体的には、「児童の姿態であって」の後、「性欲を興奮させ」の前の間に、「児童の性的な部位（性器等若しくはその周辺部、臀部又は胸部をいう。）が露出され又は強調されているものであり、かつ、殊更に」などの文言を挿入するという提案だ。一定の限定にはなるかもしれないが、性器の周辺部、臀部、胸部が露出され、強調されるという対象はなお広く、かつ客観的とはいえない主観的要件を伴っているので、過剰な規制であって表現の自由への適切な配慮を満たしているとは言いがたい。現行三号規定は、従前の民主党案のように、やはり削除するしかない。

なおWTの案で、法律の適用について、学術研究、文化芸術、報道表現の活動を侵害しないような配慮規定や、「架空のものを描写したマンガ、アニメーション、コンピュータゲーム等を規制するものと解釈してはならない」旨の条項の新設が用意されたのは、表現の自由の配慮の点で評価に値する。

新たな規制措置については、とくに従前の民主党案と同様に、取得罪（児童ポルノを有償で又は反復して取得した行為を処罰する規定）の新設か、単純所持の禁止規定（ただし、罰則は付けない）の導入か、WT内で議論が分かれたが、より厳格にした取得罪で決着した。自公両党提案の単純所持罪の提案に比べ、規制の度合いは弱まるかもしれないが、児童ポルノ規制の射程の枠をここまで広げていいかどうか、表現の自由の観点からは慎重な吟味が必要である。何よりも、現行法の過剰な規制の枠組みを撤廃することが先決で、それをしないで新たな規制を試みるのは、表現の自由をないがしろにした規制ありきの姿勢に他ならず、許されない。

6　性犯罪前歴者の監視など人権を脅かす宮城県の危険な企て

とうとうこの国はここまできたかの思いを強くしたのが、性犯罪前歴者へのGPS（衛星利用測位システム）携帯を義務づけようとする宮城県の最近の試みである。また、それより一足前には児童ポルノ単純所持の禁止を含めた条例制定の動きもある。人間の自由と人権の根幹を脅かす危険な企てと言わなければならない。二〇一一年一月二二日付『河北新報』は、一面トップで「性犯罪前歴者 警察が監視」の大見出しのもと、「宮城県、条例化を検討」、「常時GPS行動記録」の小見出しを付した記事を伝えた（『毎日新聞』などでも同様の記事が掲載されている）。『河北新報』がまとめた「条例化の主な内容」は、①宮城県の性犯罪前歴者、DV（ドメスティックバイオレンス）加害者にGPS常時携帯を義務化し、県警が行動監視する、②警察署ごとに「地域行動支援委員会」を設置。性犯罪前歴者に行動記録の報告を義務づける、③必要に応じ、知事は性犯罪前歴者にDNAの提出を命じることができる、などだ。

そこに示されているように、取り組まれようとしているのは性犯罪前歴者へのＧＰＳ常時携帯だけではなく、ＤＶ加害者も常時携行が義務づけられ、ともに警察による行動監視の対象となり、性犯罪前歴者については、行動記録の報告も義務づけられるとともに、一定の場合にはＤＮＡの提出も求められるし、行動範囲の制限についても検討される予定という。宮城県は、二〇一一年三月までに実施の可否を判断した上で今後条例案づくりを進めていく。

二〇〇八年、性犯罪者に対しＧＰＳ付きの足輪装着を義務づけた韓国の例などはあるものの、ＧＰＳを利用した性犯罪前歴者等の行動監視は国内では初めてで、いずれにしてもＤＮＡ提出の義務づけなど他の関連措置も含め、性犯罪の前歴者といえども、人間の基本的自由と人権の観点から考えて、ここまで徹底した監視と行動の制限を行ないうるのか、根本的な疑問を禁じえない。人間にＧＰＳ装置つきのＩＣチップを埋め込み、常時監視するのと同じ地点にほぼ近づくことになる。「また罪を犯すかもしれない」というだけで危険人物の烙印を押し、「予防拘禁」に近い制限と監視を行なうのは過剰な規制で、近代の法原則からも逸脱している。性犯罪前歴者などだけでなく、規制の対象は広がり、外国人、政治的・社会的反対派や少数者、思想信条そのものにまで及ぶ懸念がある。

今回の提案に加えて、宮城県においては、児童ポルノ規制に関わる規制プランがすでに二〇一〇年一二月に公表されていた。現行児童ポルノ法は、販売や提供目的の所持は禁止しているものの、単純所持は規制の対象とはしていない。宮城県は罰則も設けて単純所持の禁止を含む条例を新たに二〇一二年度中に制定する方針を示した。この条例が制定されれば、捜査権の拡大や冤罪の発生などの一方で、表現の萎縮や規制が進み、表現の自由が著しく脅かされる危険が強まるのは必至だ。

第5節　報道の自由と規制をめぐって

1　記者腕章貸与とオフレコ報道／何が問われているか

二〇一一年一一月、メディアの取材・報道のあり方、ひいてはジャーナリズムのありようを考えさせる二つの事案が生じた。一つは、同月一六日に千葉市の繁華街で起きた路線バス立てこもり事件で取材中の『千葉日報』の記者が県警の求めに応じて報道用の腕章を貸したケースで、もう一つは、同月二八日、田中聡・沖縄防衛局長（当時）が沖縄・那覇市内のオフレコ懇談の場で、普天間基地の移設をめぐり性的暴行にたとえた発言を、翌日『琉球新報』が報じた一件である（『週刊金曜日』二〇一一年一二月一六日号「メディア一撃」欄参照）。

前者の事案では、人命を優先させるべきと判断して自らの腕章を外し、捜査員に渡した記者に対して、『千葉日報』は腕章を渡した行為は目的外使用にあたり、記者倫理上慎重さ、適切さを欠いたとして口頭で厳重注意した。こうした記者への批判に対して、ネット上ではむしろ厳重注意をした『千葉日報』の対応への非難が圧倒的といわれるだけでなく、『読売新聞』東京本社の編集局長も、「記者のとっさの行為を、ただちに非難すべきだとは、考えておりません」と発言しているし、人命優先などを理由に記者の行動に理解を示す研究者も少なくないが（『読売新聞』二〇一一年一二月三〇日付参照）、同紙上でもコメントしたように、私は異論がある。

なぜなら、「記者は、歯を食いしばってでも捜査機関との一線を越えるべきではな」く、「記者が安易に捜査協力をしては、国民からは報道機関が国家権力の下請けのように見られ、長期的には報道の独立性への信頼が損なわれ」、ひいては権力監視というジャーナリズムの存在根拠そのものが問われかねないからである。

後者のオフレコ報道のケースでは、発言内容の是非は置くとして、オフレコ懇談の約束に反して報道した『琉球新報』の対応をめぐってメディアのスタンスは一様ではない。まず何よりも、この国では情報源の明示ルールをメディアや市民社会が共有することが迫られている。日本では取材源の秘匿ルールが立法や裁判の場面で十分に確立していないという事情も与って、取材源の秘匿や記者の証言拒絶権のみを一面的に、一方的に強調する風潮がメディアの世界では強いが、むしろジャーナリズムの観点からは、その前提として、記事の信頼性、正確性、透明性、説明責任などの確保のためには情報源の明示の原則やルールが欠かせないからだ。

とくに、政治家や公権力の担当者については権力監視の役割からも明示が強く求められる。また、取材源秘匿は、情報提供者の生命の危険や重大な不利益回避などのやむを得ざる例外として位置づけるべきだ。ここから考えると、政治家や役人へのオフレコ取材のあり方や情報操作を意図した匿名でのリークなどを批判的に吟味、検証する課題こそが求められているのであって、オフレコ破り報道への避難は的外れだ。

2 『週刊朝日』vs 橋下氏／政治家の取材拒否は許されるのか

橋下徹大阪市長を題材にした、佐野眞一＋『週刊朝日』取材班による同誌の緊急連載「ハシシタ奴の本性」をめぐる一連の事態は、同誌による橋下氏への謝罪と連載打ち切りで一応終結したが、ジャーナリズムや報道の自由の観点からみて、見過ごせない重大な問題を含んでいる。

ことの経緯は次のようなものだ。二〇一二年一〇月一六日発売の同記事が、「橋下徹のＤＮＡをさかのぼり本性をあぶり出す」と銘打って、橋下氏の亡父の出身地に被差別部落があることも含め、出自に関する情報を伝えたことに対し、こうした先祖への調査は一線を越えており、血脈主義に通ずるなどとして橋下氏が非難、抗議し、出版元である朝日新聞出版の親会社の朝日新聞社と系列の朝日放送（その後撤回）にも所属記者の質問に応じないという形で取材を拒否。これを受けて一八日には同誌編集長が「同和地区を特定するような表現など不適切な記述が複数あった」と認め、おわびを表明するとともに、翌一九日には連載中止も明らかにし、同月二三日発売の一一月二日号でも二ページにわたるおわび記事を掲載した。こうした動きを踏まえて、橋下氏も取材拒否を「ノーサイド」とした。

ジャーナリズムや報道にとって何よりも問題なのは、橋下大阪市長が取材を拒否したことだ。市長によれば、取材の場や会見の場で活動することまでは認めるが、質問には受けないということだと説明しており（二〇一二年一〇月二四日のツイッター発言）、前述したように、拒否の相手方には『朝日新聞』も加えている。「編集権」の所在が別であるメディアや記者もろとも拒否するというやり方も乱暴だし、質問しない取材なら認めていいというのは本来の取材の自由を骨抜きにする措置にほかならない。

そもそも大阪市長であり、国政参加も見込まれる公人中の公人である橋下氏のような政治家、権力者が報道機関や記者の取材拒否をすることが許されるのであろうか。権力者が不都合と思う記事や報道を理由に、それを伝えた報道機関や記者の取材を拒否していいということになると、取材について特定のメディアを選別、差別することが許され、ひいては報道機関や記者全部の取材拒絶だって認められるという論理につながる。こんなことになったら、取材の自由は狭められ、市民の知る権利は充足されず、権力者の説明責任やジャーナリズムの権力監視も形骸化されかねない。

取材拒否をめぐっては、過去にも一九八〇年代半ばに当時の愛媛県知事が『日刊新愛媛』に対して全面的な取材拒否を行なった事件などがあったが、今回の例も含め、一連の拒否に対抗するためには、国民の知る権利に応えるジャーナリズムの重要な役割をリアルに受け止め、伝統的な「取材の自由」を超えて、権力者への「取材の義務付け」を含むより有効な取材の法理を再構築し、権力者を縛ることが求められるのではないか。

3　記者会見の開放を妨げる検察庁と葛西功洋裁判官

二〇一〇年三月の首相会見も含め、記者クラブによる独占から脱し、記者会見の開放に向けた動きが進んでいる。

しかしながら、課題も少なくない。その一例を、フリージャーナリストの寺澤有氏が出席と取材を求めた国家公安委員長の記者会見につき警察庁がこれを拒絶し、その妨害禁止を請求した仮処分申請で東京地裁（葛西功洋裁判官）が寺澤氏の申し立てを退ける決定を言い渡す（同年三月二六日）、というまさに開放に逆行する悪弊に見ることができる。

国家公安委員長の会見は、毎週木曜日に警察庁庁舎内にて開かれ、これには警察庁長官も同席していて、主催は同委員会とされている。寺澤氏は、同年二月一日、今後の記者会見への出席、取材を当局に申し入れるとともに、警察庁記者クラブにもその出席や質問について質問書を送った。これに対して、記者クラブは、「会見は原則的にオープンな立場です。質問をさせないというつもりもありません」とする回答を示す一方で、警察庁の側は、電話で「庁舎管理権およびセキュリティの観点から出席を制限しており、フリーランスの記者の出席には応じられない」旨伝え、会見への出席を拒否したので、裁判になった。東京地裁は警察庁側の対応を追認し、次のような判断を示した。

①記者会見への出席、取材の拒否は取材の自由を侵害する旨の寺澤氏の主張については、取材を受ける側に、取材に応諾し、また庁舎の管理権者に対して、庁舎内の会議室等に出入りすることを受忍する法的義務は課されない。②警察庁記者クラブに所属する記者にのみ会見への出席を認め、寺澤氏に出席を認めない差別的取り扱いは平等権を侵害する旨の寺澤氏の主張については、会見への出席を認めるか否かは会見を主催する国家公安委員会と庁舎の管理権者である警察庁長官の裁量にゆだねら

れており、記者会見への出席者を新聞協会や民放連等の加盟社記者に限定し、寺澤氏に出席を認めないのは著しく不合理とはいえない。

庁舎管理権などを盾にジャーナリストの会見への出席拒否を取材の自由の侵害と認めず、閉ざされた会見を是認する不当な判断だ。ここには、記者会見とは、市民の知る権利に応えるべく、ジャーナリストが首相や閣僚という最高の権力者を取材・報道の自由に依拠して追及し、逆に取材を受ける側は説明責任を果たす義務を負う大切な機会であるという民主主義の理念はみじんもない。会見とは統治者の広報の一環に他ならず、本音から言えばプロパガンダの手段であり、せいぜい権力者のサービスにすぎないので、会見の出席者を誰にするのかは権力側の恣意と裁量で決めて当然だという露骨な情報統制の論理そのものである。これを許さず、記者会見や記者室の完全な開放の実現が強く求められている。

4 『日経』が取材源提出求められる情報源の秘匿と明示のルール

『日経新聞』の二〇〇七年七月六日付朝刊の談合事件をめぐる新聞記事（大阪本社発行版）で名誉が毀損されたとして、大阪府枚方市の前市長が損害賠償を求めた訴訟（二〇一〇年に提起）の中で、日経新聞社が、取材源にあたる検察幹部に対する取材メモと、実名を明らかにした書面を大阪地裁に証拠として提出する事態が生じた。これを機に、情報源の秘匿と明示の関係をジャーナリズムの観点から再考してみたい。

取材源の秘匿は取材対象者との信頼関係を確保し、将来の取材の自由を確保する上で不可欠の前提をなすのは言うまでもない。もし証言が強制されたり、秘匿が破られてしまうと、信頼関係や取材の自由はもとより、報道の自由そのものが萎縮し、国民の知る権利が損なわれるからである。にもかかわらず、日本では、取材源の秘匿と証言拒絶のルールが訴訟法などの立法で必ずしも明記されず、最高裁も積極的な司法判断を示したのは比較的最近になってからにすぎない。すなわち、二〇〇六年、最高裁は民事訴訟の事案において、「取材源の秘密は、取材の自由を確保するために必要なもの」とはじめて判示した。ただし、刑事事件においては、最高裁は取材源の秘匿と証言拒絶を退ける一九五二年の判断をいまだ変更していない。

取材源秘匿の重要性にもかかわらず十分な立法的、司法的な手立てが確保されてこなかったため、日本のジャーナリズムやメディアが取材源の確立を重視してきたのには十分な理由があった。が、その反面で、取材源秘匿のルールがジャーナリズムの原則として一面化し、絶対視し、バランスを失してきたのも事実である。むしろ、ジャーナリズムの立場からは、記事の正確性、透明性、信頼性などの確保のためには、情報源明示のルール、原則が欠かせない。とりわけ、政治家や公権力の担当者においては権力監視の役割からもその明示と徹底が強く求められよう。そこからすれば、内部告発者の保護なども含め、取材源秘匿は、情報提供者への生命の危険や重大な不利益回避などのやむを得ざる例外として位置づけるべきだろう。

明示原則からすれば、裁判員制度の導入を念頭に、一部メディアがガイドラインの中に情報の出所明示を求めるルールを含めているのは重要だ。ただ、かつて小沢一郎民主党元代表の政治資金疑惑の報道に際して検察由来の情報にもかかわらずこれを明示せず、「関係者によると」式の報道が連日紙面をにぎわせたことは記憶に新しい。また、政治家や役人のオフレコ報道のあり方や彼らによる情報操作を意図した匿名でのリークなどは是としない方向で考えるべきだ。今回の『日経新聞』のケースについても、裁判に提出したのは、取材に応じるべき立場の検察幹部の名前や取材メモである。内部告発者などとは明らかに不利益を被る対象とは異なっており、取材源秘匿の正当な対象たりうるかどうか、疑問だ。

5　調査報道の桎梏／名誉毀損の免責法理立証責任は誰に

日本のジャーナリズムにおいてメディアの「調査報道」が重要な役割を果たすべきことが指摘されて久しい。調査報道とは、政府・官庁などによる発表情報をもっぱら伝えるという形をとらず、ジャーナリストやメディアが独自の議題設定と取材、調査に取り組み報道する手法のことを指している。この点では、立花隆氏による田中金脈報道や朝日新聞社によるリクルート事件報道など貴重な歴史的経験も蓄えられてきたのも確かとはいえ、日本のメディアやジャーナリズムがそうした調査報道に多く取り組んでいるとは言い難い。むしろ報道の大勢は、政府等の発表報道に安易に依存し（「発表ジャーナリズム」）、ジャーナリズムに本来期待される権力監視機能や国民の知る権利の充足が弱化しているのではないか、という厳しい批判が向けられてきた。

ところが、権力の不正や犯罪などに迫る調査報道は、権力を監視し、市民の知る権利に応える上でジャーナリズムの重要な任務であるにもかかわらず、追及されるべき情報を権力の側が秘匿し、メディアの取材や報道のコントロールを図ろうとしたり、取材源の秘匿の制約など報道側に重大な制約や困難を強いることが少なくない。

調査報道の桎梏になっている要因の一つに、名誉毀損の免責法理がある。現在の枠組みは、公共の利害関連性、公益目的性、真実性ないし真実相当性という三つもの要件を証明する責任を報道する側に負わせており、疑惑や問題などを報じられる公務員や政治家に有利な構造となっている一方、報道機関やジャーナリストに過大な負担を求めているからだ。

この点で、政治家や公務員など報じられる公人の側が、報道側の「現実の悪意」を証明しなければならないとするアメリカ合衆国の場合とは根本的に事情が異なる。そこでは、報道側が虚偽と承知で、あるいは嘘か本当かをきちんと確認しないで報じたかのいずれかを証明しなければならないとする法理が形成され、公共的な言論の自由を最大限保障している。

アメリカに比べ、日本では公人や公共的議論についての表現の自由は広く保障されているとは言い難いのが実情である。調査報道をはじめとする民主主義社会における表現の自由の重要性を考えると、アメリカにおける「現実の悪意」の判例法理は、アメリカのみならず日本においても十分説得的であり、普遍性をもちうる考え方である。

少なくとも、公人の場合には、「現実の悪意」の立証責任を報道側ではなく、公人の側に負わせるように民事名誉毀損の免責法理を根本的に改めることが求められよう。そして、立証すべき対象も、調査報道など公共的言論の自由を徹底する上では、アメリカの法理のように、虚偽を承知の報道や嘘か本当かの裏づけ確認の欠如などの高いハードルを設定するのが望ましいだろう。

6　NHK番組改変一〇年／改めて問われる表現の自由への尽力

NHK教育テレビのETV特集「問われる戦時性暴力」をめぐり、番組が大幅に改変された事件から二〇一一年一月で一〇年を迎える。取材に協力した市民団体側（VAWW-NETジャパン）が提訴した裁判では、二〇〇八年六月、市民団体側の請求を退ける判決を最高裁が言い渡し、訴訟も既に終結している。一〇年を機に、二〇一〇年には番組改変裁判の関係者による論集、『暴かれた真実』（現代書館）も刊行され、裁判の記録集（日本評論社）も同年内に発売される予定で、一〇月三〇日にはシンポジウムも開催された。

この事件は、この国のジャーナリズムや表現の自由のあり方を根源的に問う出来事であり、裁判だった。表現の自由という観点から見ると、表現の自由の内実を問いただし、それを鍛え上げ、豊かにしていくべき、ある意味で絶好の機会だった。例えば、メディアの自由にとって重要な意味をもつ編集の自由とはいったい何なのか。政治家対策部門のNHK幹部による「事前説明」を通して有力な与党政治家が番組改変に重大な影響を及ぼすことは、編集の独立や自由の侵害にならないのか。そもそも、予算の承認権を国会や与党に握られている仕組みのなかで、個々の番組も含む政治家への事前説明そのものが許されるのか。

また、編集の自由の担い手はいったい誰なのか。今回は、政治家の意を受けた編集幹部が現場の強い抵抗を押し切って番組の改変を強行したのだが、編集の自由とは、このような経営幹部の独占物なのか、それとも編集の自由の不可欠の要素として現場の制作者の自由が確保されるべきで、これを乱暴に踏みにじった今回の措置は編集権の逸脱、濫用にほかならないのか。

さらに、市民のメディアへのアクセスのあり方も問われた。番組に関わる取材の対象・協力者は、番組作りに際して、正当な発言権と異議申し立ての権利が認められるのか、認められないのか。認められるとしたら、どういう形でどの程度承認されるべきなのか。

こういう問題提起に対し、当のNHKは、政治介入を一貫して否定し、編集の自由の名のもとに現場の自由を抑圧し、取材対象・協力者による発言権や異議申し立てを退ける姿勢に終始した。また、裁判所も、「編集の権限を濫用し、又は逸脱した」としてNHKを厳しく断じ、取材対象者の期待、信頼への侵害と説明義務違反を認定した高裁判決はあったものの、最高裁はこれを破棄し、編集の自由を振りかざしてNHK側の主張をほぼ追認し、政治介入を不問に付すとともにメディアへの市民のアクセスを極小化する判断を示した。新聞などメインストリームのメディアも、この判決を是認し、歓迎した。

表現の自由を鍛え上げ、豊かにしていく任務を果たさないどころか、表現の自由を履き違え、貧弱なものに貶めてしまったと言わざるをえない。これを変革するのは私たちの重要な課題である。その意味で、事件はまだ終わっていないのである。

7　裁判員制度一年で振り返るメディアの課題

裁判員制度が始まって二〇一〇年の五月で一年が経った。この一年の運用も踏まえて、裁判員制度そのものについても、その是非を含め、本格的な検討が求められるのだが、ジャーナリズムの観点からも、裁判員の記者会見や評議の秘密のあり方など、メディアの取材・報道に関わる重要な問題も少なくなく、掘り下げた検証が必要だ。

また、メディアは、裁判員制度の導入を念頭に、新聞協会や民放連という業界レベルから、各社のレベルまで、いわゆる事件報道の指針、ガイドラインの類を作成し、一方的な犯人視を避け、被疑者などの人権に配慮し、対等でフェアな報道を目指すとしてきた。そこには、情報の出所明示を求めるルールを含めるものも少なくない。

この一年、こうした取り組みがどう実践されたのかも、検証の対象になる。例えば、後者のルールについていえば、民主党の小沢一郎前幹事長の政治資金疑惑の報道に際して、実質的には検察由来の情報であるにもかかわらず、これを明示せず「関係者によると」式の報道が連日紙面をにぎわせたことは記憶に新しい。情報源明示のルールは一体どうなっているのか。

情報源明示も含め、犯人視報道を回避し、人権と公正な報道を目指すことは間違っていないが、メディアのガイドラインやその取材報道で欠落しているのは、犯人視や人権・公正からの逸脱をもたらす警察・検察による一面的、一方的な捜査情報への依存というメディアの取材報道の体制と体質の本源に手をつけず、そこからの脱却をまったく図ろうとしていないことだ。

ジャーナリズムの観点から見れば、裁判員裁判に密接に関わる事件報道や裁判報道のもっとも肝要な任務は、間違っても無辜の市民を有罪にしてしまうような捜査機関や裁判所の権限濫用や不当で間違った権限行使を在野からチェックする、権力監視の役割である。不当逮捕や政治的、恣意的起訴、冤罪を生む裁判などに対する批判的な取材や報道こそ、その本丸の仕事でなければならない。

権力を監視しなければならないはずのメディアが、記者クラブ制度なども与って、権力によって選別され、提供された情報にもっぱら則ってその筋書きと構図のもとに事件を描き、伝えるのは、根本的な背理である。捜査情報依存の取材報道の体制と体質から脱却して、報道の主体性と自立を確保し、捜査情報の情報公開を確立するとともに、被疑者・被告人側への取材報道の回路を広げ、強めていく必要がある。また、裁判員や裁判官の取材報道に対する法的、実際的規制を取り払い、情報公開を広げつつ、徹底した裁判批判を展開することが求められている。

裁判員制度一年の経験は、ジャーナリズムやメディアの観点から見れば、裁判員制度をめぐる取材報道の個々の論点だけでなく、こうした事件報道や裁判報道そのものの本質に迫る検証でなければならない。

8　求められているのは権力監視報道への転換／裁判員裁判から3年

裁判員裁判が開始されてから三年余が過ぎた。メディアの事件報道や裁判報道は変わったのだろうか。メディアは、裁判員制度の導入を念頭に、新聞協会や民放連という業界レベルから、各社のレベルまで、いわゆる事件報道の指針、ガイドラインの類を作成し、一方的な犯人視を避け、被疑者などの人権に配慮し、対等でフェアな報道を目指すとしてきた。

犯人視報道を回避し、人権と公正な報道を目指すことは間違っていないが、メディアのガイドラインとそのもとでの取材報道で実際に欠落しているのは、犯人視や人権・公正からの逸脱をもたらす警察・検察による一面的、一方的な捜査情報への依存というメディアの取材報道の体制そのものと体質の根源に手をつけず、そこからの脱却をほとんど図ろうとしていないようにみえることだ。

ジャーナリズムの観点から見れば、裁判員裁判に密接に関わる事件報道や裁判報道のもっとも肝要な任務は、間違っても無辜の市民を有罪にしてしまうような捜査機関や裁判所の権限濫用や不当で誤った権限行使を在野からチェックする、権力監視の役割である。不当逮捕や政治的、恣意的起訴、冤罪を生む裁判などに対する批判的な取材や報道こそ、その本丸の仕事でなければならない。権力を監視しなければならないはずのメディアが、記者クラブ制度なども与って、権力によって選別され、提供された情報にもっぱら則ってその筋書きと構図のもとに事件を描き、伝えるのは根本的な背理である。

そうした捜査情報依存の体質から脱却し、メディアによる主体的、批判的な事件、裁判報道を構築していく上では、とくに捜査員への夜討ち、朝駆け取材などによる一方的、一面的な情報提供に支えられた体制と構造に代えて、捜査情報の公開が目指され、徹底されることが求められる。ジャーナリズムの観点からは、捜査機関が適切に権限を行使しているかどうかを監視、チェックし、犯罪や加害の現実を取材、報道するのはメディアの基本的な任務だとすれば、捜査情報は単純に行政の恣意や裁量にゆだねられるべきでなく、市民の知る権利と情報公開の観点から位置づける必要があるからだ。

裁判員裁判を含め、メディアの事件報道、裁判報道は、権力監視に力点を置いた報道に転換していくことが求められている。事件の捜査、裁判は警察、検察、裁判所が市民の生命や身体に対して国家権力を行使して拘束し、抑圧する活動であるから、メディアやジャーナリストはそれを監視し、チェックすることがジャーナリズムの重大な任務でなければならない。事件報道や裁判報道は、権力監視に軸足と重点を置く方向に転換していくべきである。権力を監視するためには、取材報道の自由が最大限保障されねばならないし、捜査機関や裁判所の情報公開も迫っていくことが大切だ。

9　情報公開とジャーナリズムの自覚的姿勢

民主党政権のもとで情報公開法の改正に向けた動きが進められている。二〇一〇年八月には、政府の「行政透明化検討チーム」の法改正の見直し案もまとめられた。ここでは、これを機に、情報公開というイシューについてメディアやジャーナリズムの観点からどう考えるべきか、問題を提起しておきたい。

言うまでもなく、情報公開法や情報公開条例の積極的な活用は、国内外の実例が示しているように、社会的事件や問題の発掘や丹念な調査報道を可能にするなど、従来の発表報道中心の手法、スタイルを克服する上で、ジャーナリズムにとって積極的な意義をもっている。情報公開の法や条例のあり方は、市民はもとより、ジャーナリストや記者の観点からも、「公開原則」の拡充と徹底が求められる。政府の情報公開法改正見直し案でも、知る権利の明記やインカメラ手続き（裁判官が非公開の場で文書を閲覧して判断する仕組み）、防衛や公安情報等不開示の限定化など改正に向けた重要な論点が含まれており、それぞれ官の側からの抵抗を退けて、公開を強めていく必要がある。

とりわけ、普通の市民と同じく、組織的、財政的な支えの乏しいフリーのジャーナリストにとっては、開示請求の手数料の廃止や、コピー費用など実施手数料の引き下げは実際上とても重要だ。また、大量請求を理由に権利濫用などとして開示請求を安易に退けようとする行政運用も見られるが、これは公開原則に真っ向から反し、調査報道の桎梏ともなりかねない由々しき事態であり、もとよりこの手がかりを法令に記す方向は論外である。

ところで、従来、メディアやジャーナリズムは公権力や企業をはじめ外部の世界に向かって透明性や情報の公開を迫ってきたが、もう一つの問題は、それではそういう当のメディア自身は、市民や社会に向かってその透明性を確保し、情報の公開を迫られていないのか、という論点である。結論から言うと、こうした課題は自覚的に問いかけられることが極めて少なく、この点の制度化が著しく立ち遅れてきたのがこの国の実情だ（ただ、特殊法人の情報公開との関係でＮＨＫが自主的な公開制度を導入、運用してきたにとどまる）。

ところが、日本とは異なり、メディアに情報公開を求める動きは、現代のヨーロッパなどにも確認できる傾向であり、現にイギリスをはじめ情報公開法のなかに行政機関とならんで公共放送機関などのメディアも対象機関に含めている国が少なからずある。一九九四年にはヨーロッパ評議会がその閣僚委員会の勧告において、公共放送と商業放送とを問わず、また放送と新聞とをも問わず、世論形成に重要な役割を果たすマスメディアについて、透明性と情報公開を促す措置を国内法に含める旨求めている。

メディアの情報公開もまた、この国の情報公開の重要な議題の一つに他ならない。

10 〝開かれた新聞〟のジャーナリズムをどう実現するか

『毎日新聞』の「開かれた新聞」委員会が発足したのは二〇〇〇年の一〇月だった。市民からの苦情や紙面のあり方を第三者が加わってチェック、議論するいわゆる第三者機関（委員会）の先駆けとなった試みで、その後少なくない新聞、通信社がこれに続いた。当初から委員を務めた経験も踏まえて、新聞ジャーナリズムの再生を自覚的に探求していく観点から、ここでは二点に絞って問題を提起してみたい。

一つは、発表報道から調査報道へという新聞報道の重点の転換である。『毎日新聞』に限らず、他の全国紙や地方紙、さらにはテレビ報道も含め、政府・自治体や大企業などが発表、提供した情報を伝えるいわゆる発表報道に多く依存している現実がある。この国で何が問われ、どこが問題なのかの議題設定を含む報道のイニシアティブはメディアには必ずしもなく、情報源である権力や企業が握ることになるわけだから、これでは権力の監視機能はまっとうできず、むしろ情報の操作や誘導の温床になる。

『共同通信』再加盟や地方紙との連携を強めようとしている『毎日新聞』を含め、新聞界にもメディアが独自に事実を取材し、報道する調査報道重視の動きが見られないわけではないものの、これを徹底していくことが肝要なのに、現実になっていない。記者クラブへの抜本的な再検討も加えつつ、当面、そこへの記者の配置を最小限にとどめ、多くを調査報道に向け転換することが新聞に求められる。

もう一つは、事件・裁判報道の新しい姿を探求していく課題である。裁判員裁判を念頭に置いた公正な報道などを定めたガイドライン策定などにも拘わらず、夜討ち朝駆け取材や記者クラブを通した発表など捜査機関情報に基づく、一方的、犯人視的な取材、報道の体制、逮捕報道を中心とした集中的報道やこれに続く自白、自供報道の横行、逆に裁判報道の少なさなど、従来の事件報道や裁判報道が維持されており、そこから脱却できていない。

これを克服するためには、以下の方向で新しい事件・裁判報道を探求していく必要があると考える。第一に、テレビや新聞などメディアの今の犯罪・事件報道はあまりに過剰で、センセーショナルな傾向が強く、もう少し抑制的な扱いにとどめるべきで、伝える方向も犯罪や事件の社会的背景や要因などの解明に向かうべきである。

第二に、報道の重点は、被疑者・被告人などを悪人視し、追及するというのではなく、冤罪や不当捜査などの防止やチェックなど、捜査機関への権力監視に軸足を置いた報道に転換すべきである。そのためには、基本的な捜査情報の公開徹底を権力に迫るとともに、検察官などの権力行使者の取材源、情報源は実名で記すことが大切だ。

第三に、一方的で、一面的な逮捕中心報道を脱して、裁判報道のウエイトを高め、そこに重点を置いていく方向が目指されるべきではないか。

第3章　安倍政権下の表現の自由とメディア　二〇一二年〜二〇一七年

第1節　安倍政権で進む統制と監視
――マイナンバー法も含め

1　自公政権復活で表現の自由に「冬の時代」到来か

二〇一二年一二月、自公政権が復活し、第二次安倍内閣が発足した。このもとで、表現やメディアに対する規制をめぐりどのような事態が進むことになるのか。結論を先取りすると、「表現の自由の冬の時代」が到来しかねないことが危惧される。

まず何よりも想起しなければならないことは、個人情報保護法や人権擁護法案などメディア規制三法をはじめ、有事法制などの軍事情報統制も含め、一九九〇年代末以降大掛かりに進められた表現・メディア規制のレールを敷き、推進したのはほかならぬかつての自公政権そのものであったという事実である。自公政権の復活は、同時に自公流の表現規制、情報統制の復活にほかならず、さまざまな規制措置が矢継ぎ早に提示され、推し進められることになろう。

その点で、民主党政権が果たした役割は重大だ。民主党政権は、情報公開法の改正にも取り組もうとしたものの、コンピュータ監視法を大震災後に成立させただけでなく、共通番号（マイナンバー）

法案や秘密保全法制を推進し、人権委員会設置法案も国会に上程するなど、かつての自公政権による表現・メディア規制に勝るとも劣らない「新たな表現規制」とも称される動きが進み、情報統制に向かってひた走るようになった。民主党政権のもとでのこのような提案は、自公が進めようとする方向と重なり合うものばかりで、復活した自公政権のもとでそのまま引き継がれる公算が高い。いわば、民主党政権が規制のお膳立てを用意し、復活した自公政権がこれを仕上げるという醜悪なシナリオである。

とくに、民自公の三党合意にもとづく税と社会保障の一体改革とパッケージになっている共通番号法案は優先順位が高く、成立を急ぐことになるだろう。また、秘密保全法制についても、法制化の直接の進展は尖閣映像の流出などを機に民主党政権下で進められたものだが、それ以前に秘密保全法制の検討と強化自体はかつて自公政権末期（二〇〇九年）に準備されたものの政権交代で中断されたという経緯も踏まえると、法制化が急ピッチで進むおそれが強い。人権委員会設置法案も、かつて自公政権下で提案された人権擁護法案の焼き直しにすぎないので、新政権下でも継承されていくことになろう。いずれにしても、一連の構想と提案には、政権の違いにかかわらず、表現規制と情報統制に傾く官僚中枢の強固な意思がその背景にあるのは確かだ。

最後に、重要なファクターとして注視すべきは、国防軍の機密保護を定めるだけでなく、「公益」や「公の秩序」を害する表現や結社を禁止する規定を盛り込んでいる自民党の改憲草案に示されるように、憲法改正により表現の自由を根本的に改変する露骨な企てが提示されていることである。自公政権の復活のなかで私たちに求められているのは、改憲をはじめとする表現規制と情報統制に抗い、言論の自由と情報公開を擁護し、徹底することだ。

2　安倍政権のメディア支配／表現の自由の「冬の時代」

共通番号法や特定秘密保護法など着々と情報統制を進める安倍政権。自分たちにとって都合の悪い情報を隠蔽する一方、私たち市民の情報は管理しようとする意図は明らかだ。

だが、それを打開する可能性は残されている――。

二〇一二年、総選挙を経て自公政権が復活し、第二次安倍晋三内閣が発足した。このもとで、表現やメディアに対する規制をめぐりどのような事態が進むのか。結論を先取りすると、「表現の自由の『冬の時代』」が到来しかねないことが危惧される。

まず何よりも想起しなければならないことは、個人情報保護法や人権擁護法案（廃案）などメディア規制三法をはじめ、有事法制などの軍事情報統制も含め、90年代末以降大掛かりに進められた表現・メディア規制のレールを敷き、推進したのはほかならぬかつての自公政権そのものであったという事実である。自公政権の復活は、同時に自公流の表現規制、情報統制の復活に他ならず、さまざまな規制措置が矢継ぎ早に、推し進められるのは必至だ。

その点で、民主党政権が犯したことの責任は重大である。民主党政権は、情報公開法の改正に取り組もうとしたものの、コンピュータ監視法を東日本大震災後に成立させただけでなく、共通番号（マイナンバー）法案や秘密保全の法制化を推進し、言論の自由を脅かす人権委員会設置法案も国会に上程するなど、かつての自公政権による表現・メディア規制に勝るとも劣らない「新たな表現規制」とも称される動きを進め、情報統制に向かってひた走るようになった。民主党政権のもとでのこのような提案は、自公が進めようとする方向と重なり合うものばかりで、復活した自公政権のもとでそのまま引き継がれつつある。いわば、民主党政権が規制のお膳立てを用意し、復活した自公政権がこれを仕上げるという醜悪なシナリオだ。

「お上」の立場から情報をコントロール

二〇一三年はこの国の言論と情報にとって画期的な年だった。共通番号法がその年の前半に、特定秘密保護法がその後半に相次いで成立し、政府による情報の統制・コントロールの両輪が整えられたからである。これを受けて、この国の言論と情報への規制はどういう方向に向かっていくのか。

安倍政権が狙うのは個別的、部分的な表現規制や情報統制措置ではなく、この国の言論を含む情報を、「お上」の立場から、全面的、包括的に統制・コントロールしようとすることである。国家秘密に即して表現規制を含め情報の秘匿、禁圧を幅広く進める提案が特定秘密保護法であり、マイナンバーを付して税と社会保障をはじめとする広範な情報をコンピュータで国家管理する共通番号法の制定は、市民に関する情報の収集、管理、利用という情報の統制とコントロールのもう一つの側面を示している。このように、情報の統制・コントロールとは、一方で国民が知るべき情報は秘匿、禁圧し、他方で踏み込んではならない市民情報を過剰に管理する手法に他ならない。

こうした情報統制の基盤的制度化を踏まえて、今後いくつかの方向での進展が確認できる。一つは、表現規制の一層の推進である。まずは「青少年保護」の名のもとに児童ポルノ法改正と青少年健全育成基本法の制定が目指されることになろう。また、民主党政権下で国会に上程された人権侵害救済機関を新たに設置する人権委員会設置法案と人権擁護委員法一部改正案も今後検討される余地がないとはいえない。

もう一つの方向は、市民に対する情報監視の強化である。まず先行しているのは、現在法制審議会で準備されている盗聴法改正の動きである。そこでは、盗聴対象犯罪の拡大が提案されているだけでなく、電話以外の会話盗聴の合法化も検討課題にあげられている。また、自民党や政府の内部には電子メールの通信履歴の保存を法的に義務付ける提案も示されている。

さらに、情報の統制とコントロールを強める企ては、立法のレベルにとどまらず、憲法の改正によっても推し進められようとしている。その典型は、二〇一二年に公表された自民党の憲法改正草案であり、そのなかで、表現の自由については「公益及び公の秩序」を害する目的での活動や結社が禁止されることが示されている。

加えて、籾井勝人NHK新会長の発言問題でも明らかになったように、情報の統制とコントロールの重要なターゲットの一つとして、政権によるＮＨＫ支配が進みつつある。かつての番組改変での安倍氏を含む与党政治家の外部からの圧力、介入という構図を超えて、ＮＨＫトップの経営委員会と会長ポストをおさえるべく人的、組織的な送り込みを図り、権力に迎合する世論作りを企てる安倍政権の露骨な戦略だ。

秘密保護法廃止に向けて幅広い協力が必要

先に見た特定秘密保護法は、民主主義を支える知る権利と取材・表現の自由を乱暴に規制し、侵害する法律で、中身がやや異なるものの、かつての治安維持法に勝るとも劣らない希代の悪法に他ならない。二〇一三年末の国会審議で明らかになったのは、小手先の「修正」、例えば、監視機関をどうするかなどという提案では法律の危険性は何ら変わらないということだ。というのは、監視機関を含むあれこれの「修正」では、行政機関がその一存で秘密を指定し、それを漏らしたり、取得したり、（共謀、教唆、扇動で）働きかけたりすると重罰に処すという枠組みは、まったく手付かずのままだからである。政府が提案している「第三者機関」なるものは大方が行政内部に置かれるもので、独立性や公正さは担保されていないし、秘密指定そのものに踏み込むものでもない。

特定秘密保護法は、安倍政権において、成立した国家安全保障会議の設置や「解釈改憲」で押し切ろうとする集団的自衛権行使の容認、さらには憲法「改正」で創設を目指す国防軍の保持など、一連の軍事大国化、あるいは日米の軍事一体化という枠組みの中に位置づけられ、密接にリンクしている課題である。集団的自衛権、改憲の問題とも関わらせて、平和と民主主義を求める共同の取り組みを進めるなかで、安倍政権を包囲し、特定秘密保護法を廃止させることは可能である。ひとたび制定された重大な法律を廃止に追い込む経験を私たちの社会はまだ共有できていないが、挑戦に値する課題であり、その条件も十分に備わっている。

この間、市民、弁護士、研究者、ジャーナリストなど、さまざまな活動に取り組んできた人たちの間で、急速に秘密保護法反対の声が高まった。注目すべきは、党派や利害を超えて、この法律に反対という一点で幅広い共同、協力、連帯の取り組みが私たちの社会にできたことである。これは大きな成果であり、この運動を基に、それを踏まえて、次のステップの取り組みができると感じる。

安倍政権による情報統制を許さず、情報の自由と権利を獲得、確立することを通して、情報を市民に取り戻すことが求められている。

3　安倍政権下で進む統制と監視に抗い情報を取り戻せ！

一九九九年国会では、盗聴法と国旗国歌法の制定、住民基本台帳法の改正など憲法に反する一連の立法が可決され、この国の転機となった。今の二〇一五年国会でも、安保法制の推進、盗聴法改正・刑事訴訟法改正、共通番号法の改正など憲法違反の悪法が可決されようとしている。安保法制が目指すのは集団的自衛権の行使容認を含む戦争ができる体制の構築にあることは明らかだが、これと並びあるいはかかわり、安倍政権下で進められつつあるのが情報や言論の統制、市民監視強化の大きな流れだ。

二〇一三年、特定秘密保護法と共通番号法が相次いで成立。「お上」が情報を独占しつつ、国民が知るべき情報は秘匿、禁圧し（秘密保護法）、他方で踏み込んではならない個人情報を国家が過剰に管理する（共通番号法）ことにより、情報の統制とコントロールの基盤的、制度的枠組みが構築された。

これを踏まえて、一つは表現規制の一層の強化が進められる危険がある。単純所持罪を導入する改正児童ポルノ法が二〇一四年六月に成立し、青少年健全育成基本法の制定も目指されているからだ。また、民主党政権下で国会に上程された人権救済機関を新たに設置する人権委員会設置法案等の提案も今後検討される余地があり、今国会では人種差別撤廃基本法案も民主党を中心に提出されている。これらは、表現やメディアに対する規制の文脈で批判的な吟味が必要だ。

もう一つの方向は、市民への監視の強化だ。盗聴法改正について今国会では盗聴対象犯罪の拡大等が提案されているのだが、将来的には室内盗聴の合法化も検討課題にあげられているし、自民党や政府の内部には電子メールの通信履歴の保存を法的に義務付ける提案も議論されている。さらに20年の東京オリンピック開催に向けてテロ対策を理由に、すでに二〇一四年の臨時国会ではテロ資金提供処罰法改正とテロ資金凍結法が成立しているのに加えて、犯罪の実行行為がなくても共謀（合意）するだけで処罰ができる「共謀罪」の創設が目指されている。さらには、日本版ＣＩＡ、ＮＳＡとも言うべき本格的な対外諜報・情報機関の創設さえ現実味を帯びつつある。

第三は、メディアへの統制と支配である。安倍政権は、ＮＨＫトップの経営委員会と会長ポストをおさえるべく人的、組織的な送り込みを図り、権力に迎合する世論作りを進めようとしているし、自民党の放送介入や、右派メディアとの連携による『朝日新聞』への一連のバッシングなどもこうしたメディア統制の文脈に位置づけられる。

さらには、二〇一二年に公表された自民党の憲法改正草案が、「公益及び公の秩序」を害する目的での表現活動や結社を禁止する旨明記し、表現の自由を憲法改正により制限する方向が目指されている。こうした情報統制や市民監視に抗い、情報を取り戻す課題が市民やメディアに求められている。

4 統制と監視から市民の自由と人権を取り戻そう

二〇一七年秋の臨時国会冒頭に衆院解散と総選挙が確実となった。これを機に、二〇一二年以降の第二次安倍政権下で言論・情報統制や市民監視をめぐりどういう事態が進んでいるのか、今後何が目指されているのか、少し考えてみたい。

どういう事態が進んでいるのかを典型的に示しているのは、二〇一三年の共通番号法と特定秘密保護法の相次ぐ成立である。この二つは別個の法制であるが、根底ではつながっている。つまり、重要な情報（防衛、外交等の公的情報や税・社会保障等の個人情報）を「お上」が独占するなか、一方で国民が知るべき情報を過剰に秘匿、禁圧し（秘密保護法）、他方で踏み込んではならない市民の個人情報を国が過度に管理する（共通番号法）ことにより、国による情報の統制とコントロールの基盤的、制度的枠組みが構築される意味をもっているからだ。

もう一つの進展は、二〇一七年の共謀罪を創設する組織犯罪処罰改正法の成立と施行であることは言うまでもない。共謀罪はコミュニケーション、内心、結社など市民の諸自由を侵害し、盗聴等市民監視を加速するツールとなり、自由で民主的な市民社会を歪め、脅かすおそれがあることを本章第3節でもたびたび指摘してきた。こうした二つの典型例以外にも、単純所持罪導入する児童ポルノ法改正（二〇一四年）、差別的言動（ヘイト・スピーチ）解消法成立（二〇一六年）、盗聴対象犯罪の拡大、通信事業者による立会い不要化を含む盗聴法改正（二〇一六年）、テロ資金提供処罰法改正とテロ資産凍結法の成立（二〇一四年）、自民党や総務大臣による相次ぐ放送介入、政権と右派メディアとの連携による『朝日新聞』への一連のバッシングによるなど、統制と監視が激しくなってきた。

以上を背景に今後どういう事態が進むのか。本章第3節でも指摘したように、一つは、市民監視の拡大と強化である。とくに、会話や電話、メールなどが重要な役割を担うことになるので、共謀罪を盗聴対象に加えていくだけでなく、会話（室内）盗聴の導入、法制化も間違いなく視野に入っている。また、テロ防止も口実にしつつ、事後的、司法的な窮屈な規制を離れて、よりフリーハンドな予防的、行政的な活動と組織が求められていて、現行の裁判所の令状なしに捜査機関の一存で盗聴を認める「行政傍受」の導入と、本格的な情報・諜報機関の創設が目指されている。もう一つの方向は、憲法改正による表現・人権規制である。当面、自衛隊加憲案による規制の重要性も軽視してはならないが、何と言っても二〇一二年に公表した自民党の日本国憲法改正草案が示した「公益及び公の秩序」による人権や表現の自由に制限を加える提起が本丸である。市民の表現の自由や人権の行使は窒息を強いられ、統制と監視の総決算の見取り図を示す文書となる。

市民やジャーナリズムはこうした統制と監視に抗い、市民の自由と人権を取り戻す必要がある。

5　個人の金融や医療情報まで侵害するマイナンバー法改正

二〇一五年六月、個人情報保護法とマイナンバー法の改正が国会で審議されており、衆議院ではすでに可決され、現在参議院で審議中である。近々可決、成立する可能性が強い。

マイナンバー法の改正については、まず二つの点で異論がある。一つは、その手続きと手法についてである。実は二〇一三年に成立した番号法は、その附則で、その利用範囲の拡大については法律の施行後三年を目途とする旨明記されているにもかかわらず、それを待つことなく、重要な利用拡大措置が取られようとしている。事柄は憲法上のプライバシーに深くかかわる市民の個人情報の取り扱い、とくに過剰な管理、利用を広げる提案だ。慎重な対応が求められるべきで、拙速な対応は禍根を残すことになる。

もう一つは拡大される番号利用の対象である、個人情報の性質、内容にかかわる。法律の当初の対象である社会保障、税、災害分野にかかわる個人情報を超えて、預貯金口座という金融分野とメタボ健診情報や予防接種履歴などの医療分野にも利用範囲を広げ、民間利用を一気に進めることが想定されている。預貯金口座は所得や資産情報に直結するプライバシー性の強い個人情報であり、検診情報や予防接種履歴は医療情報そのものであって、ある意味で預貯金口座以上に、あるいは少なくとも同じくらい重要な、きわめてセンシティブな個人情報だ。番号をマスターキーにしてこうした情報と他の情報と名寄せし、マッチングして管理、活用することには一層慎重な対応が求められるはずである。

危惧されるのは以上にとどまらず、番号利用はさらに健康保険証の機能を加え、戸籍、旅券、医療・介護、自動車登録など広範な事務への拡大が政府部内ですでに検討されていることである。とめどない膨大な個人情報が番号一つで管理され、利用されることになってしまいかねない。

法改正の対象となっている番号制度は従来からの住基ネットを踏まえ、社会保障、税、災害、金融、医療など官民を問わない市民の個人情報について番号をマスターキーとして紐づけ、名寄せ、突合、データマッチングなどコンピュータで一元管理し、警察利用や秘密保護法の適性評価の資料利用も可能になるなど個人番号カードの利用も広がり、住基ネットをはるかにしのぐ本格的な総背番号制が企図されていると考えざるを得ない。こうした体制のもとでは大量の個人情報の漏洩、不正使用やなりすましの危険が格段に高まる一方で、個人の情報が過度に官によって管理され、濫用される危険も大きいと言わなければならない。

憲法はプライバシーの権利を市民に保障しており、現代社会においては、この権利は自己情報のコントロール権として構成し、理解することが求められる。共通番号制のような仕組みは、この意味での憲法上の権利を侵害することになるので、法改正のみならず、番号法自体の廃止が必要だ。

6　実施前から利用対象拡大の「マイナンバー法」

安倍内閣は二〇一六年一月から実施される予定の「マイナンバー制」について、何と今秋の番号通知前に利用対象を拡大する法案を、国会で成立させようとしている。この動きの背後にあるのは、国民の全情報を一元的に管理しようという政府の思惑だ。

衆院本会議は二〇一五年五月二一日、マイナンバー法と個人情報保護法の両改定案を、自民、民主、維新、公明の各党の賛成多数で可決した。しかし、その後発覚した日本年金機構の個人情報流出事件で、参議院では七月一四日現在、採決のメドがたっていない。

マイナンバー法は、住民登録した国民に一生変わらない一二桁の番号を付け、国家がコンピュータで一元的に管理するという内容である。二〇一三年に「社会保障と税の一体改革」の手段として、一人ひとりの社会保障と保険料、そして税の利用・納付状況を一体的に把握・監視するためという名目で成立した。

つまり、これまで制度ごとに違う番号で管理・運営されていた年金や医療等の情報が一つに束ねられる。しかもこの法律では、「施行後三年をめどに利用拡大について検討する」と定めてある。

ところがおかしなことに今回の改定案は、国民への番号通知が行われる予定の二〇一五年一〇月すら待たずに、早くも預金口座や健康診断、予防接種、中所得者向け公営住宅の管理にも適用を拡大するという内容なのである。法が施行もされておらず、番号も通知されていないうちから法を改定して利用拡大とは、明らかに異常なやり方といえるだろう。

しかし今回の当初一二五万件とされた個人情報流出で、これまでマイナンバー法に賛成していたメディアの論調もようやく変わり、「これで大丈夫なのか」という気運が生まれてきたのは歓迎すべきだ。それでも本当に求められているのは、マイナンバー法自体を根本から見直すということではないか。

第一、マイナンバー法が施行されても、私たちにとって若干自治体の手続き事務が軽減されるくらいで、メリットはない。むしろ、税の利用・納付状況を把握できたとされて、「これぐらい収入があるのだから」と社会保障給付の抑制の名目に利用されかねない。逆に、何千億円から一兆円もかけてマイナンバー制度のシステムを開発し、運営・管理する民間会社や、そこへの天下りを狙う官僚ぐらいが、甘い汁を吸える仕組みである。

そもそもマイナンバー法は、繰り返すように税と資産を徹底的に捕捉するため、という名目で成立した。しかし、すべての取引を捕捉するというのは不可能だ。もし可能だとしても、どこまでコストがかかるか予想もできない。

「流出防止」は不可能

名目自体怪しい上に、今回の日本年金機構の事件でもわかったように、膨大な個人情報をコンピュータ上で管理するにあたり、「一〇〇%安全で、流出・漏洩を防げる」というのはあり得ない。「安全」と主張する技術者もいるが、制度の仕組みからして、そのようなことは現在も、将来においてもあり得ないだろう。

無論、年金等、ある種のデータベースは作らざるを得ないかもしれない。それでも重要な個人情報というものは、なるべくつつましく分散して管理し、他の情報を束ねない――というのが、プライバシー保護の点からも原則とされるべきである。

ところが安倍内閣は今回のマイナンバー法改定案に象徴されるように、「限度を知らないのか」と思うほどそうした基本的な情報に戸籍や旅券、自動車免許といった他の個人情報を今後どんどん過剰に束ねていこうとしている。それが、どれほど危険なことか。

もしそのようなことが実現して情報が外部に流出したら、今回の一二五万件どころではない億単位になるのは確実である。いったん外部に流出したら、もう手の打ちようがない。「なりすまし」によってクレジットカードからおカネが引き出されるなど、さまざまな犯罪が一挙に増大するだろう。のみならず、医療という個人のプライバシーにとってのセンシティブな情報が民間に流出したら、医療費にいくらかけているとか、特定の病気がどれほど広まっているかわかるから、企業の商売の餌食になるのは確実だ。

実際、国民総背番号制度が導入されている韓国では二〇一四年一月、クレジットカード会社や銀行口座関連の個人情報約一億四〇〇万件が流出し、大混乱になった。また、個人が任意で加盟できる「社会保障番号」が導入されている米国ではパソコンの普及によってなりすまし犯罪が激増し、年間約五〇〇億ドルのなりすまし犯罪の損害額が発生し、二〇〇六年から二〇〇八年ベースで、なりすまし犯罪の犠牲者が一億一七〇万件に上っていること、などが報告されている。

そもそも日本のように、法律で国民に番号を付け、いくつも情報を束ねるというような制度は、G7加盟国では皆無だという事実を、知るべきだろう。英国でもIDカード制度という国民登録制度を労働党政権が導入したが、保守・自由民主の連立政権になって「人権侵害への危険性や巨費が浪費される恐れがある」などとして、撤廃されてしまった。

戦争準備との連動

フランスやドイツでも行政機関の番号使用はあるが、極めて限定的に使用され、他の情報をやたらと束ねるようなやり方はしていない。特にドイツでは、ナチスの経験からそのようなやり方は警戒の対象となっている。果たしてわが国の国会議員は、こういう事情を知って審議しているのだろうか。このままだとわが国は、マイナンバー法によって管理社会の最先端の実験場になりかねない。その結果次第では、他国にまで波及する恐れがある。

しかもマイナンバー法は、安倍首相が進めている日本の戦争国家体制化の動きと無縁ではない。すぐ徴兵こそやらないだろうが、国家が戦争を起こしたら、「どういう人たちがいて、何が可能か」という情報を掌握していることが、必要となる人員を徴用する上で重要となる。加えて、大きな反対運動があった「住基ネット」は離脱や選択制など自治体の裁量権があるが、マイナンバーは国の法定受託事務であり、自治体がそれを拒否できない。

さらに今後、マイナンバーが制度化された場合、治安的な観点から、国民のチェックが及ばない捜査情報も束ねられかねない。また、特定秘密保護法で定められた、「特定秘密」を取り扱う国家公務員や民間人に対し「適性評価」と称して行われる犯罪歴や経済状況、精神疾患などの調査の情報部門も同様だ。そうなると、治安機関による「誰が戦争に反対しているか」「誰がスパイの可能性があるか」といった内偵に、マイナンバーが活用されることになるだろう。

また、特定個人情報が適正に取り扱われるよう個人情報の取り扱いを監視・監督するという第三者機関の「特定個人情報保護委員会」が設置される予定である。しかし、捜査関連情報はチェックの対象にはならない。このため、捜査当局の「やりたい放題」という事態になることが懸念される。

本来、個人に番号を付けて管理するという発想自体、市民社会とは異質なはず。半面、支配者にとっては便利で、完璧に国民をコントロールする仕組みとなるだろうが、各自の個人情報は、各自が管理できるようにする――というのが原則であるべきだ。

ましてや、私たちが知らないところで勝手に情報が収集され、活用されるということがあってはならず、情報を管理する主体は市民自身でなくてはならない。そのため、各自が情報の管理について意思決定できる仕組みこそが求められている。本人が拒否したら、政府が情報を束ねるのを禁止するような措置も必要だろう。

7　ＮＨＫの受信料徴収まで検討する事態⁉／動き出す共通番号法

二〇一五年七月五日、共通番号（マイナンバー）法が施行され、間もなく住民に番号を割り振られる通知カードが郵送されることになっている。三日には、共通番号制の実施に反対する集会とデモ（共通番号いらないネット主催）が都内で開かれ、四〇〇人ほどの市民が参加した。

共通番号制度は、唯一無二の番号（一二桁）を住民に振り、税や社会保障など市民の広範な個人情報について個人番号をマスターキーとして紐づけ、データマッチングすることにより行政施策に利用・活用する仕組みであるが、その利用範囲が野放図に拡大する傾向にある。当初、二〇一三年に制定された共通番号法では利用範囲は税・社会保障・災害に限られていたにもかかわらず、法律の施行を待つことなしに預貯金口座という金融分野とメタボ検診情報や予防接種履歴などの医療分野にも利用範囲を広げる改正法が二〇一五年九月三日に国会で可決成立した（本節5参照）。

さらに、利用拡大をめぐり二つの提案と構想が相次いで示された。まず、政府・財務省は二〇一七年四月の一〇％への消費増税に際して、共通番号制の個人番号カードを活用して飲食料費の購買について税率二％に相当する額を還付する制度を検討している旨を明らかにした。個人番号カードの取得は制度上任意であるにもかかわらず、税の還付を受けたければカードの取得と買物への携行を求めるという、事実上の強制に等しい乱暴な手法と言わざるをえない。

もう一つは、ＮＨＫの受信料徴収に関してマイナンバーを活用する検討が、自民党情報通信戦略調査会放送法の改正に関わる小委員会の提言（二〇一五年九月二四日）、高市早苗総務相の記者会見（同年一〇月二日）、NHK籾井勝人会長の記者会見（同年一〇月一日）などにより提示されている。NHKの受信料徴収という事務は、税や社会保障とはまったく関係ないし、行政上の事務でもありえない。ここまで利用範囲を広げることになれば、市民が関わるあらゆる情報は何でも共通番号法の利用対象となることを意味している。そもそも報道機関であるNHKは、市民のプライバシーの権利にも深くかかわる共通番号制度自体について批判的に吟味し、報道することを使命としているはずである。そういう制度に自ら率先してコミットし、制度の当事者になることは報道機関の自殺行為以外の何ものでもない。

これらに続き、番号の利用については健康保険証の機能を加え、戸籍、旅券、医療、自動車登録などいっそう広範な事務への拡大が政府部内ですでに検討されており、個人番号カードの促進、普及も急ピッチで進められようとしている。市民の個人情報は丸裸にされ、番号カードの携行も事実上強制されかねない深刻な事態である。

共通番号制度は憲法上のプライバシーの権利を侵害する企てにほかならないので、個人番号カードの申請拒否をはじめ、制度自体の廃止の取り組みを強めていきたい。

第2節　秘密保全法から特定秘密保護法へ

1　秘密保全法案が日本版NSC創設とセットで国会提出へ

二〇一三年三月二二日、共通番号（マイナンバー）法案が衆院で審議入りし、十分な議論もないまま可決成立する危険が迫っているなか、三月末、安倍政権は秘密保全法案についても夏の参院選挙後秋の臨時国会に提出すべく検討を進めていることが明らかになった。二つの法案は市民の自由と情報公開を深刻に脅かす提案にほかならない。

安倍政権は、軍事・安全保障政策の司令塔となる国家安全保障会議（日本版NSC）の設置に向けて有識者会議（議長・安倍晋三首相）での会合を重ねているが、三月二九日の三回目の会合で、出席者から秘密保全の徹底を求める意見が相次ぎ、礒崎陽輔首相補佐官が「法律を制定する方向で検討している」と説明した。報道によれば、準備しているのは「特定秘密保全法案」と称するもので、以前の民主党案の骨格を踏まえて検討するという。

そもそも日本版NSCの創設は、第一次安倍政権時代に提起し進めたものの実現できなかった構想だったが、これを準備した「国家安全保障に関する官邸機能強化会議」の報告書（二〇〇七年二月二七日）は、「国家の安全保障を確保する上で、秘密保護はもっとも重要な課題である。可及的速やかに、情報の提供を受けたものを含め、これを漏洩したものに対しては厳しい処罰を定めた法律を作ることが必要である」と記してあり、当時も秘密保全の法制化はＮＳＣ創設と不可分なものとして認識されていたことが窺える。今回の特定秘密保全法案も、このＮＳＣ設置と並行し、連動して立法化を進めるというわけである。

秘密保全の法制化の提案は、二〇一〇年の尖閣映像流出事件を機に、民主党政権のもとで有識者会議の報告書をベースに直接的には進められたのだが、先の例でも示されているように、法制化の取り組み自体は実際には民主党政権以前の第一次安倍政権を含む、かつての自公政権の時代に準備され、一部はその実態が先行的に実施されてきたことを改めて思い起こす必要がある。法制化の重要な柱の一つとなる適性評価制度（秘密を取り扱う不適格者を調査し、排除する仕組み）も、特別管理秘密取扱者適格性確認制度という形で法制化をまたずにすでに実施されている（二〇〇九年四月）。さらには、こうした枠組みも含む日米の軍事情報の共有化が軍事情報包括保護協定（ＧＳＯＭＩＡ）の締結により実現され、進展している（二〇〇七年）。秘密保全法制全体の検討も民主党政権の誕生前に、秘密保全法制の在り方に関する検討チームが設置され、作業グループの報告書もまとめられていた（二〇〇八年から二〇〇九年）。

かつての自公政権のもとで周到に準備され、推進されてきた情報の統制とコントロールの産物にほかならない特定秘密保全法案の企て（その批判的検証として、田島泰彦・清水勉編『秘密保全法批判』日本評論社を参照されたい）は、国会に提出する前に葬り去ることが強く求められる。

2　知る権利を脅かす秘密保全法案が臨時国会に提出を

安倍内閣のもと、表現規制と情報統制の動きが止まらない。コンピュータ化された市民総背番号制にほかならない共通番号法案は二〇一三年四月、五月に衆参両院で相次いで可決・成立した。自民党の参院選圧勝を受けて、そうした傾向は憲法改正も含め、いっそう加速することが危惧されるなか、いよいよ秘密保全法案が秋の臨時国会に提出される見込みである。先週末の『朝日新聞』や共同通信の報道によれば、この法案は特定秘密保全法案の名称のもと、外交・安全保障の司令塔として国家安全保障会議（日本版ＮＳＣ）を設置する法案とともに、国会に提出し、成立を目指すという（なお、日本版ＮＳＣ創設とセットで秘密保全法案を進めるやり方については本節1参照）。

日本の国家秘密保護法制は、米軍や米国がらみの秘密を別にすると、日本固有の秘密を保護する枠組みとしては公務員や自衛官の守秘義務という枠組みをベースに組み立てられてきた。こうした公務員や自衛官の服務規程として国家秘密の漏洩を禁止し、処罰するという法制では不十分であるとして、一九八〇年代半ばに公務員等の服務規程を超えて国家の秘密保護をすべての国民に義務付け、漏洩や探知収集等の違反を厳罰で処す国家秘密法案が時の政府与党によって国会に上程されたものの、成立には至らなかった。二〇〇一年の「九・一一事件」の直後、防衛秘密を保護する特別の法制が成立し、民間の防衛産業の従業員も含め、漏洩等を重く罰する仕組みが整った。

今回の法制化は、防衛秘密法制のもとでもなお、秘密の探知収集は規制処罰の対象とされていないし、射程も防衛秘密にとどまっているなどの「限界」を突破して、民主党政権下での有識者会議報告書にあるように、国の安全、外交、公共の安全と秩序の維持を特別秘密として保護を広げ、漏洩のみならず特定取得行為の名のもとにある種の探知収集も処罰対象とするなど、本格的な秘密保護法制の構築が狙いである。

しかも、国家秘密法案の段階ではみられなかった新たな要素と次元が登場した。例えば、適性評価制度という形での秘密管理制度（秘密を取り扱う者の適格性を調査し、不適格者を排除する仕組み）も規制の枠組みに収められており、これは現に法制化を待たずに特別管理秘密のもとでの秘密取扱者適格性確認制度としてすでに実施されている。また、ＧＳＯＭＩＡ（軍事情報包括保護協定）の締結に示されているように、法制化の重要な背景として、日米の軍事情報の共有化という対外的、国際的ファクターが新たに加わり、秘密保護を支え、推し進める動因となっている。さらに、「公共の安全と秩序の維持」が特別秘密の一角を構成し、その主要な担い手である警察権力が国家秘密の領域でも力を強めている。

秘密保全法案は知る権利と表現の自由を抑圧し、情報の統制とコントロールを進める悪法である。法案が国会に提出される前に葬り去るしかない。

3　国会議員の処罰に拡大されかねない秘密保全法案

二〇一三年八月下旬以降、新聞各紙などの報道によって、安倍内閣が秋の臨時国会に提出を狙う秘密保全法案の概要が明らかになった。政府は、パブリックコメントの手続きを実施しつつ、法案も二〇一三年九月中にはまとめられる見込み。何が提案され、どこが問題なのか。

法案の名称は、特定秘密の保護に関する法律案（特定秘密保護法案）。保護の対象となる秘密は、①「防衛」、②「外交」、③「安全脅威活動の防止」、④「テロ活動防止」の四分野に関する事項のうち、特段の秘匿の必要性がある情報を「特定秘密」として行政機関の長が指定する。処罰は、特定秘密を公務員らが漏らす行為や、特定秘密を得るための①欺き、暴行、脅迫、②窃取、③建物への侵入、④不正アクセスの行為に対して最高懲役一〇年の処罰を科す。漏洩の処罰対象者には、大臣など政務三役や民間企業の契約者も含まれる。また、共謀、教唆、扇動も処罰対象となる。秘密の管理について、公務員などには犯罪歴なども含む適性評価を実施し、特定秘密の取り扱いはこれをクリアしたものに限る。本法を拡大解釈し、国民の基本的人権を不当に侵害することがあってはならない旨の規定も盛り込む。

このような概要の方向は、二年前の民主党政権下で政府の有識者会議がまとめた報告書を踏まえたものであることは明らかだが、ここでは現段階でとくに留意が求められる点を指摘する。一つは、今回の提案では各国との秘密情報の共有を強める必要を強調し、外交・安全保障政策の司令塔を目指すとする国家安全保障会議（日本版NSC）の創設に合わせて進められようとしていることである。漏洩の処罰対象に政務三役を加え、また特定秘密の分野を従来の、国の安全と外交に加えて「公共の安全と秩序の維持」という枠組みに替えて③と④の類型に再整理したのは、そうした背景を踏まえての故だと考えられる。とくに政務三役へと処罰が広げられることは、これをさらに進めると国会議員自体への守秘義務の処罰化に繋がりかねない。

もう一つは、人権侵害の禁止規定を盛り込むことの意味である。二〇一三年八月二七日、自民党の「インテリジェンス・秘密保全等検討プロジェクトチーム」の座長である町村信孝元官房長官がこの規定を法律に明記すると明言しつつ、取材活動に関し「不法な方法は除外にはならない」旨述べたことも報道された。いずれにしても、人権に対する配慮規定や報道やメディアの免除規定は、一九八〇年代半ばの国家秘密法案（修正案）における報道機関の除外規定を想起するまでもなく、市民やメディアによる法案への批判をかわし、それを取り込む戦術以外の何ものでもない。

秘密保全法案は、お上が情報を意のままに統制・コントロールし、市民やメディアの知る権利や自由な取材・報道を抑圧する提案であって、今回の提案のような小手先でその本質を変えることはできない。

4　知る権利を帯びカス秘密保護法案の全貌が明らかに

政府は二〇一三年九月二六日、「特定秘密の保護に関する法律案」の原案を、自民党の「インテリジェンス・秘密保全等検討プロジェクトチーム」に提示した。政府は一〇月上旬にも最終法案をまとめ、一五日召集予定の臨時国会への提出を目指す方針だ。今回の法案は九月三日、政府が公表した「特定秘密の保護に関する法律案の概要」を条文の形で示したもので（本節3も参照）、民主党政権下の有識者会議報告書による提案を基本的に踏襲している。

この法案で保護の対象となる秘密とは、行政機関の長が「特定秘密」として指定するものを指し、それは「別表に掲げる事項に関する情報であって、……その漏えいが我が国の安全保障に著しい支障を与えるおそれがあるため、特に秘匿することが必要であるもの」と定めている（三条）。別表に掲げているのは、①防衛、②外交、③特定有害活動の防止、④テロリズムの防止、に関する事項であり、それぞれにつき詳細な対象が広く列記されている。

規制の枠組みとして、特定秘密につき一定の行為を犯罪として処罰する一方、特定秘密を取り扱える者に制限を加えるという方法が示されている。処罰対象の点で、特定秘密の漏洩行為（二一条）と取得行為（二二条）の二つの基本類型が定められており、後者の類型は、特定秘密保有者の「管理を害する行為」による取得を犯罪とするもので、これらに対しては最高一〇年の懲役刑が科される。さらに、漏洩や取得に対する共謀、教唆、扇動についても最高五年の懲役刑に処される（二三条）。さらに、過失による漏洩（二一条）や未遂（二一条、二二条）、国外犯（二五条）も処罰対象となる。

もう一つの規制枠組みは、特定秘密を漏らすおそれがないかどうかにつき、秘密取扱者に関し七項目にも及ぶ詳細な個人情報の調査、チェックを実施する適性評価制度が想定されている（四、五章）。

また、「この法律の適用に当たっては、報道の自由に十分に配慮するとともに、……国民の基本的人権を不当に侵害するようなことがあってはならない」とも規定されている（二〇条）。なお、法案では、特定秘密を業務として取り扱う対象者は、国家公務員に加えて、警察職員や民間契約業者の従業員も含まれるほか、公益上特定秘密の提供を受ける多くの人たち（知得者）も規制対象となる。

広範囲の秘密を「お上」だけの判断で勝手に決め、民間企業の従業員や政府三役も規制対象に加え、漏洩を厳罰に処すだけでなく適性評価の名のもとに公務員等を選別して内部告発を抑制することによって情報源を萎縮させ、取得行為や教唆、扇動などに重罰を科すことでジャーナリストや市民の取材や調査に制限を加える、まさに知る権利抑圧法、情報統制法である。報道の自由への配慮規定などでこの悪法の本性が変わるわけではまったくない。自由と民主主義の大義のために、法案の上程を阻止し、撤回させるしか方法はない。

5　取材に配慮規定でも秘密保護法案の危険性は変わらない

特定秘密保護法案は、二〇一三年一〇月二五日、閣議決定のうえ、衆議院に上程された。安倍晋三首相は、同日の衆院本会議で今臨時国会成立を目指す意向を表明した。秘密法案は、すでに審議が始まっている国家安全保障会議設置法案とともに、衆院の国家安全保障に関する特別委員会で審議されることになる。政府与党サイドは、一一月一日特別委員会への付託、五日から一五日委員会審議、一五日委員会採択、衆院本会議採択、参院送付、一八日参院での審議、というスピード日程での成立を図ろうとしている。特別委員会は四〇人の委員で構成されており、そのうち与党は二八人を占め、野党の中でも法案に反対する委員は現状ではきわめて少数である。審議日程の点でも、委員会構成の点でも、法案成立に向かってきびしく、切迫した局面にあることは事実であり、直視する必要がある。

しかしながら、この間、集会や街頭での行動、研究者たちによる反対声明など、法案に対して異議を申し立て、反対するさまざまな動きが急速に高まりつつあり、いくつかのメディアもこうした動きをより積極的に伝え、法案の問題点も提示し、深める報道も増えてきた。そういうなか、九月の初旬に行なわれた共同通信社など報道各社の世論調査では、特定秘密保護法が必要との意見が圧倒的多数（社により、約六割、七割、八割）を占めていたのが、一〇月末での共同の世論調査によると法案反対が五〇％を超え、賛成は三六％弱にとどまった。国会の多数と世論の多数が対峙する新しい局面が生まれたことになる。

法案の二一条は「国民の知る権利の保障に資する報道又は取材の自由に十分配慮しなければならない」と記し（一項）、「出版又は報道の業務に従事する者の取材行為については、……著しく不当な方法によるものと認められない限りは、これを正当な業務による行為とする」と定める（二項）。法案に「配慮」を書いただけで何の意味もないことは言うまでもない。取材を正当業務行為とする旨の規定には処罰しないとは明示していないし、違法な行為だけでなく、「不当な方法による行為」も「保護」対象から除かれる。法案担当の森まさこ少子化担当相は沖縄密約の西山事件を例にあげたが、これは、密約問題を男女が絡む取材方法如何にすり替え、法と倫理を混同して、取材の自由を狭め、制限する考え方だ。

しかも、「保護」されるのは、伝統メディアの業界人に限られ、研究者や市民は排除される。何よりも本質的なことは、取材源、情報源である公務員らが漏洩に厳罰を科されることにより、情報の公開は形骸化し、記者やジャーナリストに当局発表以上の情報をますます提供しなくなるので、取材・報道の自由は骨抜きになり、知る権利は満たされない。この法案の根源を絶たない限り、いかなる配慮や保護の規定を加えようと、本質的な危険性を取り除くことはできない。

6　特定秘密保護法案／修正案でも法案の危険性は変わらない

かねてより特定秘密保護法案についての修正協議を重ねてきた自民、公明の与党と、野党の日本維新の会、みんなの党の四党は二〇一三年一一月二五日、共同して修正案を国会に提出した。だが、修正案は法案の危険性を取り去ることはできるのだろうか。

保護の対象となる秘密の範囲については、修正案は政府原案の別表に記されていた「その他の重要な情報」という文言を別な具体的な表現に変えたほか、目的規定にあった「安全保障」について括弧書きで「我が国の存立に関わる外部からの侵略等に対して国家及び国民の安全を保障することをいう」との定義を入れるにとどまった。防衛、外交、特定有害活動の防止、テロリズムの防止に関する広範な事項を特定秘密としてカバーする政府原案の構造は、手付かずのままである。

秘密の期限の点では、政府原案が三〇年を超える特定秘密に対して内閣の承認により認めるとした一方、修正案では六〇年を超えることができないと限度を定めつつも、「政令で定める重要な情報」を含め列記された七項目の情報については例外を認め、秘密の永久化を許容している点で政府原案を改善したことにはならない。秘密を指定する行政機関の範囲については、政府原案ではすべての行政機関としていたが、修正案では施行後五年間特定秘密の指定がない機関は指定権限をなくす措置が取られた。しかし官庁が指定権限を失うことを恐れ、不要な指定を行なう可能性がある。

残る取材の自由への危険性

行政機関の一存で恣意的な秘密指定の危険があることに対応して、政府原案での指定等に関する運用基準への有識者の関与のほか、修正案では二つの対処策を用意した。一つは、運用基準の作成、指定等の運用状況の有識者の年次報告、指定等の実施に関する行政各部の指揮監督についての首相の関与強化である。推進側は「首相の第三者機関的観点からの関与」と説明するが、内閣を率いる首相は政府の最大の身内にほかならず、第三者とは言い難い。もう一つは、運用基準等につき検証し、観察する機関の設置等を検討し、措置を講ずることが附則で定められていることだ。ただし、権限や時期は不明のままで、そもそもこうした機関が秘密そのものにアクセスできる可能性はゼロに等しい。以上のいずれの措置も、有効なチェックの機能を果たすことは困難だ。

また取材の自由に関し、修正案は特定秘密保有者の管理を侵害する行為による取得を犯罪としている点について、「外国の利益若しくは自己の不正の利益を図り、又は我が国の安全若しくは国民の生命若しくは身体を害すべき用途に供する目的で」という文言を新たに入れた。「スパイなどの目的」の制限を加えることで取材目的の取得は処罰対象とならないと協議担当者は説明するが、規定の文言はスパイ目的に限定されず広範漠然としており、漏えいや取得に対する共謀・教唆・扇動の処罰規定にはこうした目的規定は加えられていない。そもそも情報源自体を厳しく規制し、取材対象から情報が出にくいという政府原案の骨格は修正案でも厳然と維持されている。取材の自由への危険を除去することにはならない。

そのほか、国会への特定秘密の提供についても変更が施されたが、修正案は全体として秘密法の危険性を本質的に取り除くことはできないので、廃案しかありえない。

7 デモは「テロ」行為⁉／石破発言で露わになった法案の危うさ

会期末を二〇一三年一二月六日に控え、特定秘密保護法案は参議院での帰趨が山場を迎え、緊迫した重大な局面にある。与党は、同月五日の国家安全保障特別委員会で法案を採決し、六日の本会議で可決、成立させる意向であるのに対して、野党は足並みを揃えて徹底審議を求めている。

そういう最中、自民党の石破茂幹事長の発言が物議をかもしている。石破氏がブログで「今も議員会館の外では、『特定機密保護法絶対阻止！』を叫ぶ大音量が鳴り響いています。ただひたすら己の主張を絶叫し、多くの人々の静穏を妨げる行為は決して世論の共感を呼ぶことはないでしょう。単なる絶叫戦術はテロ行為とその本質においてあまり変わらないように思います」（同年一一月二九日付、一部略）と指摘した発言に対して、七野党の抗議声明を含め市民からのきびしい批判や反論を浴びることになった。これを受けて石破氏は「テロ」関連の箇所の記述を撤回し謝罪したものの、「一般の人々に畏怖の念を与え、大音量で自己の主張を述べるような手法は、本来あるべき民主主義とは相容れない」（一二月二日付ブログ、一部略）と引き続き法案反対デモへの非難を続けている。

石破氏の「テロ」発言は法案のテロの定義と深くかかわる点できわめて重大である。法案では、特定秘密の対象となる情報には、防衛、外交、特定有害活動の防止に関する三分野の事項とともに、「テロリズムの防止」に関する事項も含まれており、テロの定義として「政治上その他の主義主張に基づき、国家若しくは他人にこれを強要し、又は社会に不安若しくは恐怖を与える目的で人を殺傷し、又は重要な施設その他の物を破壊するための活動をいう」と定められている（一二条二項）。

国会審議で森まさこ法案担当相は、テロの対象は殺傷や破壊であって国家や他人に主義主張を強要する行為だけではテロに該当しない旨答弁（一一月五日）しているが、条文の構造上、テロの対象となっている行為には、主義主張に基づき社会に不安・恐怖を与える目的での殺傷や破壊活動と並んで、国家や他人への主義主張の強要も含まれることは明らかで、法律専門家の多くもこのように理解している。

そうだとすれば、市民のデモもある種の強要にあたるテロとして取り扱われかねない。デモが違法なテロの一種であるということになれば、デモ参加者の人数や素性を含むテロ防止のための監視や調査が合法的に認められ、そのような防止策にかかわる情報が特定秘密として秘匿され、思想信条の自由やプライバシーなどの重大な人権侵害の可能性をもつ監視等の公安警察などによる活動が闇に隠される危険がある。また特定秘密を取り扱う公務員等を選別するための適性評価制度の中で、テロとのかかわりを示す対象の一つとしてデモへの参加の有無が調査され、チェックされる危険がある。

特定秘密保護法案は廃案にするしかない弾圧立法だ。

8 期待できない特定秘密保護法案の監視機関・運用準備

特定秘密保護法は二〇一三年末の国会で可決成立したが、民主主義を支える知る権利と取材・表現の自由を乱暴に規制し、侵害する法律で、中身がやや異なるものの、かつての治安維持法に勝るとも劣らない希代の悪法だ。そういう中、特定秘密保護法にかかわる「監視機関」の制度化や検討が進められている。これをどのように考えたらいいのか。

大きく分けて二つの筋ないし方向からの監視機関が提示され、検討されている。一つは特定秘密保護法に定め、関連する一連の「第三者的」な監視機関で、政府は情報保全諮問会議、保全監視委員会、情報保全監察室、独立公文書管理監の四つの仕組みを提示し、運用や準備をはじめた。このうち七人の有識者によって構成される情報保全諮問会議は第三者的な仕組みではあるものの、運用基準の策定等への関与に限られており、秘密の指定そのものに踏み込む権限は認められていない。それ以外の機関は、いずれも行政内部の身内の機関で、独立性と第三者性を根本的に欠き、権限も限られている。四つの機関とも本来の監視機能を期待するのは難しいと言わざるを得ない。

もう一つは、自公与党を中心に検討されている国会による監視制度の創設の構想である。特定秘密の国会への提供については、修正段階で提供規定や保護措置などについて一定の改善がなされたのは事実だが、提供の決定はあくまでも行政機関の長に委ねられており、安全保障への支障を理由に提供がブロックされ、入手した国会議員による漏洩には厳罰が科されるなどによって、現行法では国会の監視はきわめて難しい。国会による本来の監視制度を実現するためには、法律の基本的枠組み自体を再検討するとともに、国会議員の漏洩への罰則等による縛りの新たな企てを許さないことも必要だ。

いずれにしても監視機関による改善で法律そのものを是認し、追認する免罪符とすべきではないし、法律の本質的な危険性に手をつけないままで監視やチェックを行なうには限界がある。それを踏まえた上で法の運用を限定し、改善する観点から、監視機関を位置づけ、取り組むべきだろう。

私たちに求められるのは、特定秘密保護法の実施阻止と廃止を勝ちとることである。特定秘密保護法は安倍政権において、成立した国家安全保障会議の設置や立法化を図る集団的自衛権行使の容認、さらには憲法「改正」で創設を目指す国防軍の保持など、一連の軍事大国化、日米の軍事一体化という枠組みの中に位置づけられ、密接にリンクしている課題だ。平和と民主主義を求める取り組みを進める中で、安倍政権を包囲し、特定秘密保護法を廃止させる可能性が出てくる。

ひとたび制定された重大な法律を廃止に追い込む経験を私たちの社会はまだ共有できていないが、挑戦に値する課題であり、広範な反対運動と批判的な世論を考えると、その条件も十分に備わっていると感じる。

9　守秘義務が課され、非公開「審査会」で特定秘密を監視？

特定秘密保護法成立後も、情報統制をめぐる動きが進んでいる。単純所持罪の導入を図る児童ポルノ禁止法改正案は結局、与党とともに、民主党も含む五党共同で衆議院に提出され、二〇一四年六月五日に同院で可決された。今国会で成立する公算が大きい。

六月一三日、秘密保護法をめぐる国会の監視機関について衆参両院に「情報監視審査会」を新設する国会法改正案が衆議院本会議にて与野党五党の賛成で可決され、参議院に送付された。今国会での成立が目指されている。

衆参両院に設置される審査会は常設組織でそれぞれ八人の議員で構成、委員は各会派の議席数に応じて割り当てられる。会議は非公開（秘密会）で会議録も非公表、電波等が遮断される部屋で行なわれる。担当の国会職員には適性評価が義務付けられ、委員らの情報漏洩には懲罰や罰則が科される。

また審査会は秘密保護法実施の年次報告を受けて実施状況を調査・審議するなどの任務を持ち、行政機関の長に対して特定秘密の提出等を求めることができるものの、政府側は特定秘密の提出が「我が国の安全保障に著しい支障を及ぼすおそれがある」旨判断すれば拒否ができる。また運用改善の勧告もできるし、国政調査に際して審査会に提出された特定秘密を議院や委員会等にも提出するよう勧告することもできる。

これでは特定秘密運用の監視は困難と言わざるを得ない。委員は、現在の議席数を踏まえると与党議員が圧倒し、野党委員は二～三人にとどまる。少数会派は委員すら出せない。そこでは与党の同輩大臣等が担う制度の運用を監視することは多数派与党によって制限される可能性が高く、追認に傾かざるをえない。

監視の前提となる特定秘密の入手・確保自体、最終的には行政機関の長の提出拒否権が貫徹されるため、審査会による実質的な監視は難しくなる。審査会による運用改善の勧告や、院・委員会等への提出勧告も強制力はなく、行政機関の長は何ら拘束を受けない。

そもそも数十万件もの特定秘密が指定されることが想定され、問題となる指定や運用を見つけ出し、監視・チェックすること自体ほとんど不可能だし、その手がかりと受け皿の一つとなりうる内部告発の保護も制度化されていない。さらに万が一、審査会や院・委員会の議員が特定秘密を見られるとしても守秘義務が課され、懲罰と処罰の対象となるとしたら議員はいかなるサポートも得られず、孤立した立場に置かれ有効な調査・監視は困難と言わざるを得ない。また非公開の密室審議は国民に開かれた監視ともならない。

このような監視機関は本来の役割を果たしえないだけでなく、国会法改正法案の附則には、新たな情報機関の設置さえ示され、秘密国家をさらに強める方向さえ企図されている。大もとの秘密保護法自体をやはり廃止するしか道はない。

10　特定秘密保護法の行き着く先は日本版ＣＩＡ創設

日本は秘密監視国家への道をなりふりかまわず突き進もうとしているようにみえる。国の広範な情報を行政機関の一存で特定秘密とし、その漏洩と取得、共謀・教唆・煽動に厳罰を科すとともに、適性評価制度の導入により秘密の管理を強める特定秘密保護法の制定は、開かれた政府とは対極にある秘密主義国家への傾斜を示している。

監視カメラの無数の広がりをはじめ、情報や市民の監視に向かう動きも強まっている。二〇一五年度の通常国会提出に向け法制審議会で準備されている盗聴法の改正では、盗聴対象犯罪の拡大や通信事業者の立ち合い不要化などが提案されているだけでなく、電話以外の会話盗聴（室内盗聴）の合法化も将来の検討課題にあげられている。また、自民党や政府部内では犯罪と無関係にすべての電子メールの通信履歴保存を法的に義務付ける提案も提示されている。さらに、政府は、二〇二〇年の東京オリンピック開催に向けて、テロ対策を理由に、犯罪の実行行為がなくても共謀（合意）するだけで処罰ができる「共謀罪」の創設や、過激な活動家らをテロリストに指定し、資産を凍結できるテロ新法策定を目指している。

安倍内閣は、二〇一三年秘密保護法の制定に先立ち、外交と安全保障の司令塔となる国家安全保障会議（日本版ＮＳＣ）を設置したが、それも踏まえて対外情報の収集等の手足となる情報・諜報機関の創設にも乗り出そうとしている。国会の秘密保護法監視について、衆参両院に情報監視審査会を設置する国会法改正案が六月に国会で可決成立したが（本節9参照）、その附則三項で対外情報・諜報機関の設置構想が盛り込まれたからである。そこでは、「この法律の施行後、我が国が国際社会の中で我が国及び国民の安全を確保するために必要な海外の情報を収集することを目的とする行政機関が設置される」場合には、国会による当該機関の監視の在り方につき検討と措置が講ぜられる旨を記している。

かねてより、安倍晋三首相や自民党の秘密保護法等にかかわるプロジェクトチームの町村信孝座長は、日本版ＣＩＡ的な対外情報機関の創設を検討すべき旨をこれまで提起してきたことは周知の事実だ。自民党は、二〇一四年にもこうした情報機関の設立案をまとめ、二〇一五年には関連法案を国会に提出するとも一部で伝えられている。秘密保護法に対する監視機関創設にかこつけて、あるいは乗じて「秘密情報の塊」を体現するような組織の設置を目指し、スノーデン氏が暴露したように、盗聴や違法行為、人権侵害を引き起こす情報・諜報機関の創設をも国会法の改正により提起したことは、秘密監視国家に進む安倍政権の危険性を如実に示している。

秘密保護法の行き着く先の一つが情報・諜報機関の設置とそこでの秘密情報の保護であるとすれば、こうした機関の創設阻止と秘密保護法の廃止も含め、一連の秘密監視国家に向かう企てを止めるしかない。

11　脅かされる市民と報道の自由！／特定秘密保護法施行

二〇一四年一二月〇日、総選挙のさなか特定秘密保護法が施行された。安倍晋三首相は衆議院解散を表明した一一月一八日にＴＢＳのＮＥＷＳ23に出演し、「特定秘密（保護）法は、工作員とか、テロリスト、スパイを相手にしていますから、国民はまったく基本的に関係ないんですよ。……報道が抑圧される例があったら、私は（総理大臣を）辞めますよ」という趣旨の発言をした。とんでもないデマゴギーと言うしかない。にもかかわらず、メディアはこれを重大発言として糾弾することはなかった。

秘密保護法はテロリストやスパイを相手にしているので、国民は関係ないというのは本当か。もちろん大嘘である。法律のどこに、そんなことが書いてあるのか。特定秘密の対象となる分野・項目の中に、スパイ防止やテロ防止に関する情報も含まれているのは確かではあるが、特定秘密の分野は防衛、外交に関する広範な情報が射程に収められ、またいずれにしても漏洩や取得、共謀・教唆・煽動などの処罰対象者がテロリストやスパイだけに限定されているわけでは毛頭ない。内部告発のために特定秘密を漏洩する国家公務員や警察官、防衛産業の従業員はすべてテロリストやスパイの類だとでも言うのか。とんでもない暴言である。

安倍首相の発言とは裏腹に、国民はこの法律の適用を直接、間接に受ける。特定秘密の保有者の管理を害するやり方で取得する行為は犯罪とされ、最長懲役一年の重罰に処せられるが、これには記者やジャーナリストなどだけでなく、そうして取得した市民はすべて規制対象に含まれるし、漏洩や取得を働きかける共謀・教唆・煽動もそれを行なえばあらゆる市民が処罰の対象となる。防衛、外交等の広範な情報が役人の一存で特定秘密に指定されれば、取材・報道は制約され、国民の知る権利も到底満たされない。

首相は報道が抑圧される例があれば辞めると断言したが、運用例の前提となっている法律の枠組み自体が報道の自由を満たさず、抑圧的な構造となっている。法律の22条では報道・取材の自由に配慮し、取材を正当業務行為と定めているのは確かだが、報道の自由の担保となる取材の自由は無条件ではまったくなく、「公益を図る目的」や「不当な方法」などと当局が判断する場合には正当な取材とはみなされない。そもそも保護されるのは報道・出版の業務に従事するプロの記者らに限られ、フリージャーナリストや広範な表現者はその〔恩恵〕さえ受けられない。何よりも特定秘密を幅広く取り扱う公務員などの情報源が適性評価という方法で選別され、漏洩につき最長懲役一〇年もの厳罰の威嚇が伴うとすれば内部告発はますます難しくなり、有用な情報を取材により入手することはきわめて困難だ。取材の実がない以上、報道の自由は形骸化し、実質的な意味を失う。

抑圧例を待つまでもなく、法律の枠組み自体が報道の自由に抑圧的なので、安倍首相は直ちに辞任すべきだ。

12　特定秘密保護法はメディアに何を問うのか

特定秘密保護法が制定され、運用されてからもう二～三年がたつことになる。秘密保護法そのものについてメディアで言及されることはあまりないが、私自身はメディアの秘密保護法の対応のなかにジャーナリズムの深刻な問題が見て取れるように感じる。私が不幸だと感じてきたのは、メディアのなかで政治的スタンスが分かれることではなく、言論の前提となっている事実や情報を共有する部分まで立場が分かれ、分断されている状況である。

秘密保護法では、取材・報道への配慮規定はあるものの（22条）、大事な国の基本情報（防衛、外交、スパイ防止、テロ防止）が「お上」（行政機関の長）によって秘匿されることになる。この情報は右と左とかに関係なく、ものを考える前提になる情報であり、事実である。報道機関やジャーナリズムは、報道（事実）を提供するとともに、ある立場から言論を行なうところでもある。報道（事実）を前提に踏まえて、自分たちの立場からの主張、論評、言論を提示すること二が求められる。こうして、民主主義社会というのは、異なった言論が多様に豊かに展開されているはずであるにもかかわらず、秘密保護法では防衛や外交などの安全保障情報（事実）が隠匿され、言論を行なうための情報や事実が共有できないため、民主的な報道機関や言論機関が成り立たない構造が生まれてしまう。

それを避けるためにどうするか。それは、報道機関および言論機関として、重要な国の情報（事実）を共有するために、メディアは政治的スタンスの立場いかんを超えて、専門機関、職能集団として徹底的に法と対峙し、切り結ぶことが必要だった。にもかかわらず、政治的スタンスの違いから、分断されてしまった。多くのメディアは秘密保護法に反対したが、『読売』や『産経』の両紙などは賛成したし、NHKにも反対の声は少なかった。

繰り返すが、秘密保護法の問題は、決して右左の問題ではなく、肝心の国の情報（事実）が市民社会やメディアに出てこないため不十分な報道だけでなく、報道を踏まえたまともな言論も形成されなくなってしまうわけなので、いかなるメディアであれ、その立場を超えて、自由で民主的な社会であれば情報の秘匿とコントロールの構造そのものに対して闘うことがはやり求められるのだと感じる。

一九七〇年代の沖縄密約事件で当時『毎日新聞』記者だった西山太吉さんの刑事裁判の際、『読売新聞』の渡邉恒雄記者を含め、西山記者擁護のため法廷で証言した。まともな状況が本来の姿であって、今のメディアの対立を「政治的なスタンス、意見が違うのだから仕方ない」ではすまされない。言論の自由やジャーナリズムを守るためにまともに闘うことができないメディアの構造がつくられつつある。これを打ち破るために、メディアや市民は連携して本来の姿を取り戻すことが求められる。

13　権力との対峙放棄し秘密保護法成立を許容したメディア

米国ではトランプ政権とメディアが緊張関係を深め、ジャーナリズムのあり方が問われているが、共謀罪の創設（本章第3節6参照）や改憲による表現の自由改変も含む言論規制や情報統制に向かうこの日本でもメディアやジャーナリズムの役割は重要である。筆者はメディアの特定秘密保護法への対応のなかに重要な問題性が見て取れるように感じ、その一端を本節12でも指摘した。今回は、メディアはなぜ秘密保護法制定阻止に積極的な役割を果たせなかったのか、改めて吟味してみよう。

秘密保護法が制定されてしまったことについては、メディアが果たした役割が少なくなかった。たしかに法案審議の過程で市民の間に法案への懐疑や批判、そして反対が強まり、これとともにメディアの報道量も格段に増え、そのスタンスも変わっていき、『東京新聞』などを中心に、批判的な世論を形成するようになっていったのも事実だ。

しかしながら、秘密保護法につながる提案は、民主党政権時代の秘密保全法制に関する有識者会議の報告書が出されたことからだった（二〇一一年八月）。筆者も報告書が出てすぐ本節1で批判的な検討を加えている。これは同法案審議の二年数カ月ほど前のことだが、それから法案審議開始までの間、市民運動レベルなどでは一部であれ、この法制化の危険性が繰り返し指摘されてきたにもかかわらず、メディアの報道ではこの問題をほとんど積極的に伝えてこなかった。また、法案論議においても、特にＮＨＫは法案の問題点をきちんと伝えず、消極的な報道姿勢に終始した。

なぜ、メディアはこの法案に厳しく対峙できないできたのか。記者一人ひとりの努力が足りないという個人的な問題より、もっと構造的な問題だと思われる。取材、報道の現場で、当局発表の情報をそのまま報ずる「発表ジャーナリズム」の傾向がより強くなってきたのではないか。そのために、権力と対峙しつつ格闘し、闘うなかで市民に伝えるべき情報をもぎ取り、入手するという仕事が、日々の報道の活動のなかであまり見られず、重視されていない職場環境が広がってきたのではないか。大切な情報を手に入れるべく権力と対峙して格闘する仕事に直面していれば、ただでさえなかなか情報が出ないことに理不尽を感じる経験から、なぜ今秘密が強化されなければならないのか、という根源的な疑問が湧いてくるはずだからだ。

メディアのなかに、権力を監視し、大事な情報をいかに伝えるかというジャーナリズム本来の問題意識が希薄になっているがゆえに、秘密保護法導入の危険認識や危機感が鈍ってしまったからではないのか。この国で進行しつつある言論規制や情報統制と対峙し、市民社会のなかに自由な表現や情報を擁護し、回復するためには、権力監視や調査報道を含むジャーナリズムの再生が喫緊の課題であると感じる。

14 多くは「特定秘密」！／「知る権利」脅かす日韓ＧＳＯＭＩＡ締結

日韓両政府は二〇一六年一一月二三日、相互に軍事情報を共有するためのいわゆる軍事情報包括保護協定（ＧＳＯＭＩＡ）を締結した（正式名称は、「秘密軍事情報の保護に関する日本国政府と大韓民国政府との間の協定」）。日韓両国間の軍事協力は初めてであり、本格稼働することになった。ここでは、軍事情報の公開や知る権利の観点から見て少し検討しておこう。

一般に米国は他の国々と軍事情報を共有し、保護するために二国間でＧＳＯＭＩＡ（General Security of Military Information Agreement）という形の協定を進めてきた。日米間では、二〇〇七年八月、すでに協定が結ばれていて、実はこれがその後の秘密保護法制促進の一つの背景、要因になっていったのではないかと考えられる。すなわち、自公政権のもとで二〇〇九年四月から法改正を伴わない形で特別管理秘密と秘密取扱者適格性確認制度等が導入され、最終的には二〇一三年の特定秘密保護法の制定につながっていったからである。なお、日本はその後、ＮＡＴＯ（北大西洋条約機構）、仏国、豪州、英国などとも同種の協定を結んでいる。

日韓の協定では、以下のようなことが記されている。提供し、受領される共有情報の保護対象となるのは、「秘密軍事情報」であり、そこには「口頭、映像、電子、磁気もしくは文書の形態又は装備もしくは技術の形態をとることができる」情報が包括的に含まれる（二条）。秘密軍事情報には秘密指定が表示されなければならず（日本の場合には、「極秘」「特定秘密」「秘」に分けられている）、受領国は、提供した国からの秘密指定情報に対応する秘密指定を表示する（四条）。秘密軍事情報を保護するための原則を定める六条には、受領国は提供国の承諾なしに第三国の政府等に提供しないことや、同じく提供された目的以外の目的のために使用しないこと、また受領国は、秘密軍事情報を提供した国と同程度の保護措置を取らなければならないことなどが含まれている。さらに、七条では、秘密軍事情報への職員のアクセスが定められており、当該情報へのアクセスが認められるのは秘密軍事情報取扱資格を付与された政府職員であり、資格付与の決定に際しては「秘密軍事情報を取り扱うに当たり信用できかつ信頼し得るか否かを示すすべての入手可能な情報に基づき行われる」とされている。

韓国から提供される秘密軍事情報の多くは特定秘密保護法に基づく「特定秘密」に指定されると言われている。適性評価制度で選ばれた一握りの国家公務員等だけがアクセスでき、しかも少なくとも三〇年間公表を免れる可能性がある。軍事情報は国民にとって重要で欠かせない事柄なので、原則として国民の知る権利と情報公開の対象でなければならない。軍事共有情報に丸ごと秘密の網をかけ、聖域化する協定のやり方は表現の自由や民主主義の観点から是認するのは難しい。

第3節　市民監視の強化と共謀罪の創設

1　盗聴法改正と通信履歴保存強化で加速する情報監視

米中央情報局（CIA）の元職員、エドワード・スノーデン氏が暴露した米国安全保障局（NSA）による無数の市民の通話記録や電子メールなどの傍受や収集が衝撃を与えている。それでは、NSAに象徴されるこうした通信・情報監視はこの日本では無縁なのか。

結論を先取りすれば、断じて否である。この国でも、一九九九年に成立し、翌年から運用を始めた盗聴法（通信傍受法）を改正して盗聴権限を拡大強化し、また通信履歴の保存を義務化する方向で検討が進められるなど、通信・情報監視にいっそう傾斜しているからだ。

前者の盗聴法改正の動きは、法制審議会の新時代の刑事司法制度特別部会で議論されており、二〇一四年の通常国会に改正案が提出される見込みである。改正の基本的方向は、現行法が求める通信事業者の施設内での通信事業者による立ち会い等を要しないよう、立ち会いなしに捜査機関の施設内で盗聴を可能にする手続きを導入するなどのほか、以下の二点がとくに重要だ。一つは、盗聴対象犯罪の拡大である。現行法は銃器犯罪、薬物犯罪、組織的犯罪など四つの類型に限定しているのに対して、部会の作業分科会では窃盗や詐欺などとともに、強盗、恐喝、殺人など広範な犯罪が対象にされ、おまけに「その他重大な犯罪」まで付け加えられようとしている。

もう一つは、現行盗聴法の射程は電話等の通信の傍受に限られるのに対して、通信以外の会話の傍聴も検討課題としていることである。振り込め詐欺の拠点事務所、対立抗争の場面における暴力団事務所や使用車両、覚せい剤の宅配物などを念頭に、捜査機関が傍受機器を設置し、犯罪の実行に関連した会話等を傍受することができる制度を検討するというのである。

後者の通信履歴の保存をめぐっては、すでに二〇一一年、大震災と原発事故の発生の後、犯罪の捜査に際して捜査機関がプロバイダー等の通信事業者に対して最長六〇日間、通信履歴の保全を要請できる制度が導入された。今検討が進められているのは、これにとどまらず、すべての通信履歴の保存を通信事業者に義務付けようとする構想で、自民党の治安・テロ対策調査会の提言「世界一の安全を取り戻すために」（二〇一三年五月）や、政府の情報セキュリティ政策会議の「サイバーセキュリティ戦略」（同年六月）が検討を求め、前記法制審特別部会の「時代に即した新たな刑事司法制度の基本構想」（同年一月）もこうした仕組みの構築を望んでいる。

盗聴対象が拡大し、会話盗聴も合法化され、導入を図る共謀罪ともリンクして運用され、通信履歴の保存も義務付けられるなどによって、捜査機関の権限が肥大化し、通信や情報の監視化が加速するのと裏腹に、プライバシーや表現活動をはじめとする市民の自由と権利は危機に瀕することは必定であり、許してはならない試みだ。

2　五輪は〝好機〟か／テロ対策を名目に行われる市民監視

未曽有の原発災害の根本的な解決がなされないままに早々と東京オリンピックの開催を決めたこと自体に本質的な違和感を覚えるが、事はそれにとどまらない。五輪開催に向けたテロ対策を理由にして、市民監視と情報統制を強める動きが急速に進められようとしているからだ。これも、安倍政権のもとでの特定秘密保護法制定後の市民社会コントロールのもう一つの側面といえよう。

一つは、共謀罪創設に向けた動きである。これは、犯罪の実行行為がなくとも実行しようと共謀（合意）するだけで処罰できる「共謀罪」を組織犯罪処罰法改正案に盛り込む提案で、秘密保護法成立後の二〇一三年末、政府は東京五輪開催に向けたテロ対策強化の必要を理由に、検討に入ったことが報じられた。結局、秘密保護法への国民からの批判も考慮して、二〇一四年一月からの通常国会への改正案提出は見送られたものの、二〇〇三年から繰り返し関連法案が国会に提出されてきた経緯も考えると、五輪という好機を得て近く国会に提出されることは必至である。

共謀罪は謀議、合意だけで犯罪として処罰されてしまうので、人々の表現活動やコミュニケーションの自由を乱暴に侵害し、ひいては思想・信条の自由まで脅かしかねない危険な立法である。注意しなければならないのは秘密保護法のもと、「特定秘密」の漏洩と取得を「共謀」した場合も、教唆、煽動とともに、すでに犯罪として処罰されていることだ。また、共謀の摘発のためには、捜査手法としての盗聴が不可欠となるので、法制審議会で進められている盗聴対象の拡大などの盗聴法改正はこれと密接につながっている。

もう一つは、テロリストの資産凍結のための新法策定の動きである。政府は、東京五輪開催に向けテロ対策を充実させる必要があるとの判断から、過激な活動家らをテロリストに指定し、資産を凍結する新法を策定する方向で検討に入ったことを、二〇一四年四月、共同通信社が配信し、同月六日付『琉球新報』などが伝えた。現行の規制枠組みでは、国連安全保障理事会決議に基づきテロリスト等に指定された外国居住の団体
・個人への送金が外国為替および外国貿易法により規制されているものの、国内にいる過激な活動家らへの送金等の資産凍結のための法的措置がないため、新法では国内のテロリストを指定してリストを作成し、送金や預金契約などを許可制とし、資産凍結を図ることなどが目指されている。
もっとも問題なのは、政府に異を唱える批判者や反対派がテロリストの烙印を押されて自由や人権が不当に侵害される恐れがあることだ。この点は、デモもテロ扱いしかねない秘密保護法のテロ定義規定とも深くかかわっている。また資産凍結措置だけでなく、政府がテロリストと認定すれば、盗聴等の人権侵害的な捜査手法はますます合法性を強め、拡張される危険がある。

今必要なことは市民監視と情報統制ではなく、市民の自由と人権の確立だ。

3　オリンピックを追い風に市民監視を強めるテロ資金凍結法案

治安維持法に勝るとも劣らない特定秘密保護法の年内施行を目指して、パブリックコメントでの多

くの批判的意見にもかかわらず、政令案と運用基準が二〇一四年一〇月一四日、閣議決定された。特定秘密保護法は知る権利や取材の自由を深刻に脅かす情報統制法だが、安倍政権は東京オリンピック開催を追い風に、テロ対策を錦の御旗にして市民監視を強めようと企てていることを、共謀罪の創設とテロ新法策定の動きをあげて本節2でも指摘した。政府は、いよいよ後者のテロ資金凍結法案を二〇一四年の臨時国会に提出することとなった。

テロに関連した現行法としては、テロ資金提供処罰法の規制と、外国為替及び外国貿易法による規制がある。前者はテロ行為を支援する目的で、日本国民が国内外で資金提供することなどを処罰するもの。後者の外為法は、国連安全保障理事会決議に基づきテロリストに指定された団体・個人への海外送金を規制している。今回の法案は、こうしたテロリストへの海外取り引きに加えて、国内の取り引きへも規制を図ることを狙いとしている。

規制対象行為はテロリストによる送金等も含む金融取り引きを都道府県公安委員会の許可制とし、テロリストとの取り引きの相手方である市民も先の許可を受けない行為は規制される。規制対象となるテロリストは、①国連安保理の第一二六七号決議に基づき同制裁委員会が国際テロリストとして指定したアルカイダとタリバンの関係者（現在三五二個人、七一団体）、②安保理第一三七三号決議に基づき先の外為法上海外送金などを規制するテロリスト（現在八個人、一八団体）として指定されている者のうち公衆等威迫目的の犯罪行為に関係した者、または同決議に基づき外国が規制対象としている者。

問題は、規制対象となるテロリストがきわめて曖昧でかつ範囲が広範であることだ。①の対象は、それなりに限定されているかもしれないが、②の対象は限定しているとは言い難い。たしかに外為法上規制される者の範囲は限定されるとしても、その対象は追加、拡大が可能である。しかも公衆等威迫目的の犯罪行為に関係した者というのは、具体的には「公衆等威迫目的の犯罪行為を行い、行おうとし、又は助けたと認められる者であって、将来更に公衆等威迫目的の犯罪行為を行い、又は助ける明らかなおそれがあると認められるに足りる十分な理由があるもの」などと定められており、「公衆等威迫目的の犯罪行為」というキー概念そのものがあいまいで広範であるだけでなく、「行なおうとする」ことや「助ける」ことも含まれることになる。

これでは政府に批判的な団体や個人がテロリストに捕捉されかねないし、その予備軍対処などとして公安警察などによる市民の監視が正当付けされかねない。盗聴対象を拡大する盗聴法改正と共謀罪の創設とともに、このような立法の企てを許してはならない。

4　室内の盗聴も検討！／盗聴法改正に進む市民監視に警戒を

取り調べの可視化の義務付けや司法取引の導入などを含む刑事訴訟法の改正とともに、盗聴法（通信傍受法）の改正が二〇一六年五月二四日、成立した。改正盗聴法は、窃盗や詐欺なども含めて盗聴対象犯罪を拡大するとともに、通信事業者による立ち合いを要せず、捜査機関の施設内での盗聴を可能とするなど、市民の電話やメールが盗聴にさらされ、警察の権限が濫用される危険が強まった。私たちが警戒しなければならないのは、これにとどまらず、情報や市民を監視する動きが盗聴法改正後も着々と進められようとしていることである。

一つは、電話・メール以外の会話（室内）の盗聴もすでに検討課題とされている。すなわち、盗聴法改正を議論した法制審議会の「新時代の刑事司法制度特別部会」では、振り込め詐欺の拠点事務所、対立抗争の場面における暴力団事務所や使用車両、覚醒剤の宅配物などを念頭に、捜査機関が傍受機器を設置し、犯罪関連の会話を傍受できる制度が提示されているからだ。

第二に、通信履歴の保存を義務化する方向での検討も進められている。これに関してはすでに二〇一一年、東日本大震災と福島第一原発事故発生後、犯罪捜査に際して捜査機関がプロバイダー等の通信事業者に対して最長六〇日間、通信履歴の保全を要請できる制度が導入された。検討が進められているのは、犯罪に関連した通信履歴だけでなくすべての通信履歴の保存を、しかも単なる要請ではなく通信事業者に法的に義務付けようとする構想で、自民党の治安・テロ対策調査会の提言「世界一の安全を取り戻すために」（二〇一三年五月）や政府の情報セキュリティ政策会議の「サイバーセキュリティ戦略」（同年六月）が検討を求め、前記法制審特別部会の「時代に即した新たな刑事司法制度の基本構想」（同年一月）もこうした仕組みへの構築を望んでいる。

第三は、共謀罪創設に向けた動きである。これは「共謀罪」を組織犯罪処罰法改正案に盛り込む提案で、二〇〇三年から繰り返し政府は関連法案に提出してきたが、二〇二〇年の東京オリンピックという「好機」を得て近く国会に提出することは必至だ。注意しなければならないのは特定秘密保護法のもと、「特定秘密」の漏洩と取得を「共謀」した場合も、教唆、煽動とともに、すでに犯罪として処罰の対象としていることである。また共謀の摘発のためには盗聴が不可欠となるので、盗聴対象のさらなる拡大が不可避なることが想定される。

さらに二〇一四年六月、特定秘密保護法に関わる衆参両院の情報監視審査会設置を定める国会法改正に際して、対外情報機関の設置に言及がなされ（附則三）、本格的な情報・諜報機関の創設も現実味を帯びてきた。「秘密情報の塊」を体現し、盗聴や違法行為、人権侵害を引き起こすこうした機関が創設されれば、市民監視はある段階を画すことになるだろう。

こうした市民監視を食い止める課題が私たちに求められている。

5　テロ対策の名のもとに市民監視促すメディアに批判を

二〇一六年五月に成立した改正盗聴法後も進む市民監視強化の動きについて、本節4でも警鐘を鳴らした。そうしたなか、『読売新聞』は「テロ対策 未然防止へ法整備の議論を」と題する社説を書き（二〇一六年八月六日付朝刊）、テロ対策を理由に監視の強化を促す取り組みを求めた。

社説は、平成二八年『警察白書』における「特集・国際テロ対策」を踏まえつつ、日本でも実効性のあるテロ対策を講じることが喫緊の課題であるとし、四年後の東京五輪を控え、万全の備えで臨む必要があるとの認識のもと、一連のテロ対策を提起している。

一つは、テロを引き起こす集団の国内流入の阻止のための水際対策の一環として、海外の治安機関との情報交換とともに、「近く導入される『顔照合システム』なども駆使し、遺漏なき態勢を確立したい」と主張している。先の『警察白書』で、「今後、顔画像照合機能の活用強化も図っていく」との指摘を受けたものだ。

こうした提案は、あらかじめコンピュータに記録した要注意人物等のデータと、撮影した監視カメラの映像を瞬時に照合・特定し、追跡・捕捉等のアクションを可能にするためのいわゆる顔認証技術と監視カメラを連動させる仕組みを構築する企てだが、警視庁が進める「三次元顔形状データベース自動照合システム（顔照合システム）」の導入なども相まって、テロ対策の場面でも顔認証システムをいっそう進めていくというのである。

法制面の整備については、『警察白書』で「新たなテロ対策の導入について引き続き検討を進めていく」との指摘を踏まえつつ、社説はさらに進んで、共謀罪の創設も選択肢の一つとし、「人権への配慮は必要だが、国際的には、共謀罪の存在がテロを防ぐ有効な手段だと認められていることも忘れてはなら」ず、「必要性について、踏み込んだ議論を始めるべき」だと主張している。

さらには、「裁判所の令状なしに通信傍受を認める『行政傍受』についても、導入の是非を検討すべき」ことも求めている。ちなみに、この点については、ネット版の産経ニュースも、現行の盗聴法では、「犯罪が起きる前の予備的な『行政傍受』は許され」ておらず「テロの未然防止には無力」なので、導入具体化の議論が急がれるとしている（二〇一六年二月一九日付）。

顔認証技術と監視カメラの連動は市民の移動を日常的に監視し、プライバシーを深刻に侵害する危険が高い。共謀罪の創設は謀議、合意だけで犯罪として処罰されてしまうので、人々の表現活動やコミュニケーションの自由を乱暴に侵害し、ひいては思想・信条の自由まで脅かしかねない危険な立法だ。行政傍受の導入は、テロや安全保障の名のもとに犯罪との関連なく司法の許可もなしに捜査機関等の一存で通信を盗聴できる恐ろしい代物である。市民の自由と人権を脅かし、市民監視を進めるメディアの提案を徹底的に批判することが必要だ。

6 「共謀罪」の創設／強まる市民の自由侵害と監視

共謀罪を盛り込む組織犯罪処罰法改正案が二〇一七年一月二〇日召集の通常国会に提出される見込みである。共謀罪を含むこの種の法案はこれまでも二〇〇三年から二〇〇五年にかけて国会に三度にわたって提出されたもののその都度廃案になった経緯がある。今回政府・自民党関係者は法案に含まれる共謀罪という言葉をあえて避け、「テロ等組織犯罪準備罪」、ないし「テロ等準備罪」などとして再提出を企図しようとしている。

改正案に関して、金田勝利法務大臣は二〇一七年一月一三日の記者会見で「一般の方々が対象となることはあり得ない」と述べたが、市民や市民団体が対象となる危険は本当にないのだろうか。

政府が提出を予定している組織犯罪処罰法の改正案は、二〇〇〇年に採択された越境組織犯罪防止条約締結のための国内法整備として位置づけ、その中に「組織犯罪集団に係る実行準備行為を伴う犯罪遂行の計画罪」、略称テロ等組織犯罪準備罪を新設する。適用対象は「組織的犯罪集団」とし、「4

年以上の懲役・禁固の罪を実行する団体」に限定した。組織的犯罪集団としての活動であって、二人以上により犯罪遂行の計画があり、犯罪の実行のための資金・物品の取得など犯罪実行の準備行為がある場合に、処罰される。

テロ等組織犯罪準備罪などと言い換えたとしても、従来からの共謀罪の本質はそのままである。共謀罪は犯罪の合意を処罰するものであり、今回の場合の「計画」は合意や謀議とまったく同じである。日本では、刑法上実際に犯罪が行なわれて被害や危険が生じなければ罪に問わないという大原則を変更して、コミュニケーション、ひいては内心までも処罰する仕組みがつくられることになる。また「テロ」を掲げているものの、テロに対象を限定するとはどこにも書いていないし、現に「テロに関する罪」と位置づけられたのは対象となる犯罪のうち、全体の四分の一にすぎないといわれている。対象としている「組織的犯罪集団」はテロや暴力団等を念頭に置いていると説明しているが、法案でそれらだけを限定しているわけではなく、会社や労組、市民団体等も捜査当局の判断により途中から組織的犯罪集団とされかねない危険がある。今回付け加えられた準備行為についても、危険性の乏しい行為を広く包含する危険があり、限定する役割を期待できないし、犯罪として処罰されるのは準備行為ではなく、計画自体で罪が成立することになる。しかも適用対象の犯罪は六七六にも及ぶことが想定されている。

テロ等準備罪は従来の共謀罪と本質において同一であり、コミュニケーシンや内心の自由など市民の自由を乱暴に侵害するだけでなく、計画や合意を探り、確保するために、会話や電話、メールなどの盗聴をいっそう推し進め、市民監視を促進するツールともなりうる。

自由で民主的な社会の在り方が問われている。

7 「共謀罪」導入はテロ対策のためという政府説明は説得力なし

政府は二〇一七年三月七日、共謀罪（テロ等準備罪）の創設を含む組織犯罪処罰法改正案の修正案を与党の自民、公明両党の関係部会に提示した。改正案そのものの問題点については、本節6でもすでに指摘したが、ここでは修正案で新たに盛り込まれたテロ関連規定を批判的に吟味したい。

安倍晋三首相をはじめ政府・自民党は共謀罪のイメージを嫌って、テロ対策と東京五輪という二つのキーワードのもと、改正案の実現を図ろうとしているが、今回の修正提案はこれを具体化するものに他ならない。具体的には、改正法の適用対象である「組織的犯罪集団」の前に、「テロリズム集団その他の」という文言を新たに加える修正を行なうというものである（六条の二など）。

この修正により、規制対象をテロに限定することがどこまで可能か。修正によっても、法の対象としている「組織的犯罪集団」が「テロリズム集団」だけに限られていないことは言うまでもない。「その他の」組織的犯罪集団がすべからく含まれるのである。そのうえ、大事なことが二つ抜け落ちている。一つは、法の目的を定める第一条のなかに「テロリズム」の規定は置かれていないため、法目的として位置付けられ、重視されることになっておらず、また規制を限定する役割も果たしえていないからである。

もう一つは、「テロリズム集団」の定義が示されていないため、広範な集団が包括され、規制を広げる危険があることである。特定秘密保護法では、テロリズムについて「政治上その他の主義主張に基づき、国家若しくは他人にこれを強要し、又は社会に不安若しくは恐怖を与える目的で人を殺傷し、又は重要な施設その他の物を破壊するための活動」と定義していて、正当な政治活動を抑止する危険があったものの、こうした定義規定さえ設けなかった。

政府は一貫して共謀罪（テロ等準備罪）を設ける理由について二〇〇〇年に採択された国連の国際組織犯罪防止条約を批准するためだと説明してきた。しかし、これも疑わしい。一つは、当該条約の第五条には、共謀罪導入のため必要な立法その他の措置を取ることが記されているものの、日本は人種差別撤廃条約の際、差別表現に関する条項を留保して批准し（一九九五年）、関連の立法措置も取らなかった。ここからもわかるように、共謀罪の立法化は批准にとって不可欠とは言えない。

もう一つに、国際組織犯罪防止条約はそもそもテロ対策を目的としたものではなく、マフィア等による資金洗浄など国際的犯罪の防止を念頭につくられたため、本来テロとは無関係で、現に、国連作成の同条約「立法ガイド」でも、二〇〇五年の法務委員会での法案審議でも、テロに関連したものは対象とされてこなかったのである。

テロ対策を理由とする政府の説明はとうてい説得的なものとは言い難い。

8　表現とメディアを脅かし、市民社会を変質させる共謀罪

二〇一七年四月六日、共謀罪（テロ等準備罪）を新設する組織犯罪処罰法改正案が、衆院本会議で趣旨説明と質疑が行なわれ、審議入りした。今回の法案は表現やメディアとも深く関わり、自由な市民社会を脅かす危険があると感じる。

本節6および7でも批判したように、今回の改正法案がテロ対策を強調し、普通の市民が規制対象となるものではない旨の政府の主張はきわめて疑わしい。とくに、規制対象となっている「組織的犯罪集団」については、対象の限定がなく、「もともと正当な活動を行っていた団体についても、団体結合の目的が犯罪を実行することにある団体に一変したと認められる場合には、組織的犯罪集団に当たり得る」（二月一六日の政府統一見解）というのだから、市民や市民社会と無縁であるはずはない。

それでは、今回の法案は市民やメディアにとって、どういうインパクトをもたらすことになるのか。一つは、直接的な影響がありうる。法案では二七七の罪が共謀罪の対象とされている。このうち例えば、著作権法違反（著作権侵害など）も明記されているが、市民やメディアが著作権侵害の当事者になる可能性は決して少なくない。市民間のトラブルや紛争に共謀罪の観点から公権力が直接介入することになる。また、営業秘密侵害罪（不正競争防止法）のなかの不正開示罪も列記されているが、企業の内部告発や調査報道を制限し、抑圧する武器として共謀罪が使われる危険がある。労働組合や市民団体にとっては、法上記されている組織的な威力業務妨害罪の共謀の疑いを理由に正当な活動が抑

制される恐れもある。

法案の核心となっているのは、いうまでもなく、犯罪の共謀、合意自体を犯罪とし、処罰する企てである。「共謀」から「計画」へと言葉は変更されたものの、共謀罪の本質である合意そのものを犯罪とし、処罰する点は同じである。共謀や計画、合意とは具体的に言えば、話し合いやコミュニケーションそのものであり、それに由来する内心や思想・良心のありように他ならない。共謀罪というのは、したがって表現やメディアの存在理由そのものである表現の自由や内心の自由を制限し、規制することに他ならない。

共謀罪の捜査は合意や計画を確保するための内偵、監視、協力者の送り込み、会話や電話、メールなどなどに依拠せざるを得ない。二〇一六年五月、盗聴法改正により盗聴対象が一気に広げられたものの、今後、共謀罪も盗聴法の対象に追加される危険は大きく、室内盗聴や行政傍受の導入、さらには本格的な諜報機関の設置も視野に入ってきた。こうした市民監視の広がりのなかで、自由な表現とメディア、自由な市民社会は両立できるはずはない。

共謀罪を新設する法案は表現とメディアを脅かし、自由な市民社会を変質させる提案に他ならず、批判的な吟味と異議申し立てが強く求められる。

9　現実味ます諜報機関創設、共謀罪がもたらす市民監視

自民公明両党と維新の会による法案修正合意（二〇一七年五月一一日）なども含め、共謀罪法案の

帰趨が重大な局面を迎えている。

共謀罪が表現の自由とそれに由来する内心や思想・良心の自由を規制し、侵害する危険があることはたびたび指摘されてきたとおりである。なかでも強調しておきたいのは、規制のターゲットが集団や組織に向けられているという点だ。共謀罪が犯罪・処罰の対象となっているのは二人以上の人間による集団、組織に関わる共謀等である以上当然である。そこでの共謀等とは、一個人の表現を規制するというより、集団での話し合い、コミュニケーションを規制し、その自由を侵害することが狙われている。また、規制の前提となっているのは組織的犯罪集団であって、集団や組織そのものを制限し、事実上の結社禁止の扱いを受けることに等しく、結社の自由を脅かしかねない特質をもつ。もともと、英米に由来する共謀罪（コンスピラシー）は「よからぬ集団である」労働組合や反体制的結社や政党を抑圧すべく猛威を振るった歴史があり、また共謀罪の創設は戦前の治安維持法の機能と本質的な点で重なるものがあるのも確かだ。

共謀罪の創設やそれに並行して、今後この国ではいっそうの市民監視が進むことが危惧される。電話や会話については、まず第一に、二〇一六年の盗聴法改正により盗聴対象の拡大を受けて、将来、共謀罪そのものも盗聴の対象として追加されていくおそれが強いことは間違いない。第二に、盗聴法改正を議論した法制審議会の新時代の刑事司法制度特別部会で、犯罪の実行に関連した会話を傍受することができる制度がすでに検討課題として提示されているように、電話・メール盗聴以外の会話（室内）の盗聴も一気に進む危険がある。

第三に、裁判所の令状なしに通信傍受を認める「行政傍受」についてもすでに検討が進められつつある。行政傍受の導入は、テロや安全保障の名のもとに犯罪との関連なく、司法の許可もなしに捜査機関や情報機関の一存で通信を傍受できる恐ろしい代物である。最後に、通信履歴の保存をめぐっては、すでに二〇一一年のコンピュータ監視法による保全要請制度が導入されたが、自民党や政府の関係機関では、犯罪に関連した通信履歴だけでなくすべての通信履歴の保存を、しかも単なる要請ではなく通信事業者に法的に義務付けようとする構想さえある。

さらには、二〇一四年六月、特定秘密保護法に関わる衆参両院の情報監視審査会設置を定める国会法改正に際して、対外情報機関の設置に言及がなされ（附則三項）、本格的な情報・諜報機関の創設も現実味を帯びてきた。「秘密情報の塊」を体現し、盗聴や違法行為、人権侵害を引き起こすこうした機関が創設されれば、市民監視はある段階を画することになるだろう。

自由な市民社会の根本が問われていると言うべきだろう。

10 「共謀罪」施行で進む、統制と監視／本丸は人権の制限

共謀罪を新設する改正組織犯罪処罰法が二〇一七年七月一一日から施行された。共謀罪はコミュニケーション、内心、結社など市民の諸自由を侵害し、盗聴等市民監視を加速するツールとなり、自由で民主的な市民社会を歪め、脅かすおそれがあることを本節でも繰り返し指摘してきた。それでは、共謀罪後、この国の統制と監視はいったいどこまで進むのか。

一つは、市民監視の拡大と強化が目白押しに続くことに向かう。共謀罪はメンバー間の合意、計画を確保し、捕捉するために会話や電話、メールなどが重要な役割を担うことになる。したがって、共謀罪そのものも盗聴の対象犯罪として追加されていくことはおそらく間違いないだろう。また、共謀罪との関係以外に、振り込め詐欺対策などとして電話・メールの盗聴以外の会話（室内）の盗聴についても、盗聴法改正を議論した法制審議会の特別部会ですでに検討課題として提示されている。さらに、裁判所の令状なしに捜査機関の一存で盗聴を認める「行政傍受」の導入の議論も始まっている。

監視の新たな段階を画すものとしては、次の二つが想定されている。一つは、二〇一一年に制定されたコンピュータ監視法を超えて、犯罪に関連するものだけでなくすべての通信履歴を対象とし、通信事業者に対しても保全要請ではなく履歴保存を法的に義務づけるという構想で、自民党や政府の関係部門ではすでに議論が進められてきた。もう一つは、二〇一四年六月、特定秘密保護法に関わる衆参両院の情報監視審査会設置を定める国会法改正に際して、対外情報機関の設置に言及がなされたように（附則三）、本格的な情報・諜報機関の創設も現実味を帯びてきた。とくに、共謀罪導入やテロ対策推進の観点からは、予防的、行政的傾向に傾き司法的コントロールから自由な行政傍受や情報・諜報機関の創出はきわめて親和性の強い方向だと言えるだろう。

市民監視とは別のもう一つの方向は憲法改正の企てであり、現段階では、統制や監視の観点から考えると、二段構えで進むことが窺える。一つは、安倍晋三首相が提案し、自民党が進めようとしている、九条一項二項を残したまま三項を加え自衛隊を書き込む加憲案である。これは自衛隊の合憲化をストレートに実現することにより自衛隊への異議申し立てや司法の違憲審査を退け、表現・報道規制の正当化、忖度の拡大等も一層進むのは不可避となる。本丸の段階は、二〇一二年に公表した自民党の日本国憲法改正草案で、「公益及び公の秩序」の名のもとに人権に制限を加え、これに反する表現活動や結社も禁圧する提案だ（二一条二項）。共謀罪や特定秘密保護法、共通番号法などの統制と監視を進める悪法を憲法上追認し、正当化するとともに、違憲立法を批判し、悪法に抵抗する市民から武器を奪うことになる。

統制と監視に抗い、自由・人権・民主主義の真価が今ほど問われている時はない。

第4節　情報統制と放送への介入

1　情報統制に警戒を！／デモ規制や放送要請の企て企て進む安倍政権

「従軍慰安婦」や福島原発事故をめぐる『朝日新聞』の報道とそれへの対応が、厳しい非難にさらされている。それらについて『朝日』の側に多くの問題があるのも確かだが、今の動きは、一方で「慰安婦」制度の人権侵害性や原発事故の危険性などの本質的問題をそらし、他方でまっとうな批判を踏み越えた朝日バッシング、ひいてはリベラルなジャーナリズムや政権批判勢力そのものへの攻撃にもみえて、危険だ。

そういうなか、安倍政権は情報統制を強める企てを矢継ぎ早に打ち出している。一つは、国会デモの規制である。自民党は二〇一四年八月二八日、ヘイト・スピーチの規制策を検討するプロジェクトチーム（PT）の初会合を開き、そこで高市早苗政調会長（当時）は、国会周辺のデモや街宣について、「議員会館でも党本部でも（騒音で）仕事にならない。仕事の環境も確保しなければならない」などと発言し、ヘイト・スピーチとともに、右翼の街宣や反原発デモなど国会周辺のデモ、街頭活動に対する音量規制強化も検討課題としたのである。

この試みは、ヘイト・スピーチの対処に乗じて、あわよくば市民のデモ規制に制限を加えようとするものであり、憲法が保障する言論の自由、集団行進の自由と民主主義を不当に制約する企てにほかならない。その後、市民らからの反発や批判を受けて、九月一日、高市政調会長はデモの法規制は見送る談話を発表したものの、これで安心というわけにはいかない。というのは、国会周辺などでの拡声器の使用を制限する静穏保持法による現行規制に加えて、二〇一三年の特定秘密保護法審議のさなか、自民党の石破茂幹事長（当時）が自らのブログで、議員会館外でのデモ、集会について「単なる絶叫戦術はテロ行為とその本質においてあまり変わらない」と記したように（後に、テロ関連個所については撤回したものの、大音量での主張は民主主義と相容れないとのデモ非難は維持している）、市民のデモに対する根深い不信、敵意が権力中枢に見え隠れしているからである。規制を再提示する機会を窺っていると受け止めるべきだろう。

もう一つは、国際放送に際して、領土問題について放送を要請する動きである。内閣改造の結果、総務大臣に任じられた高市早苗氏は、二〇一四年九月三日の就任会見で、「放送法に基づきまして、総務大臣は国際放送について要請を行なうことができます。……領土・領海、この問題については、正しい情報を発信していく、お伝えしていく」などと発言した。現行放送法は、六五条などで国際放送について、総務相による国際放送を要請する権限と、ＮＨＫによる要請応諾努力、編集の自由への配慮などを定めているが、情報統制に傾く安倍政権や高市総務相と、政権に迎合的なＮＨＫトップなどをみると、領土問題でのナショナリスティックな放送への介入と無批判な追随の危険が高く、こちらも警戒が必要だ。

2 免許権限ちらつかせテレビの広報機関化狙う政権・自民党

自民党によるテレビへの介入が顕著だ。二〇一四年の総選挙前の一一月には、ＮＨＫを含む在京テレビ各局に選挙報道の公平中立を要請し、続けてアベノミクスを取り上げたテレビ朝日の「報道ステーション」に対し公平中立な番組作成に取り組むよう求めた。それだけではない。二〇一五年四月一七日には、自民党の情報通信戦略調査会（会長＝川崎二郎・元厚生労働大臣）がＮＨＫとテレビ朝日の関係者を呼び、聴取した。前者では「クローズアップ現代」でのやらせの有無が、後者では「報道ステーション」に出演した元官僚の古賀茂明氏の発言（自身の降板をめぐり官邸からのバッシングを受けた旨）の真偽が問題とされた。

こういった流れにみられるように、報道に対する一般的な要請から、次に個別の番組を具体的に取り上げ、やり玉にあげるなど、介入の度合いがより露骨になってきたし、テレビ局での調査が進行中であるにもかかわらずお構いなしに関係者を呼びつけ聴取を進めるという介入の手法・手続きもかなり乱暴になってきた。まさに傍若無人そのものである。

たしかに放送法は、公平性や事実を曲げないことなどを番組編集のルールとして定めているが（四条）、だからといって政権党や政権が番組を放送法違反だと一方的・恣意的に判定し、介入・圧力を加えることは許されない。憲法（二一条）や放送法（一条、三条）は、放送の自由や番組編集の自由を明確に定めているからである。要請や聴取にすぎないのだから、介入や圧力には当たらないなどという理屈は、与党が支える政権の大臣が放送免許を付与する構造と現実からすれば、リアリティをもちえない。NHKの場合は、予算の決定権が国会に握られているため、とくに与党への配慮は不可欠の前提とならざるを得ないのが実態だ。

そもそも権力の監視・チェックが求められる報道機関は、権力の言動に異論や批判を提起するのが本来の仕事の重要な部分である。与党や政権の側にとって気に入らない報道だという理由で免許権を背後にちらつかせて要請を突き付けられ、呼びつけられ、聴取を受けるなどという事態が恒常化するとしたら、絶大な萎縮効果を生み、果ては政権や与党の広報機関になることを強いられるに等しいことになる。

二つの番組への調査は小委員会でもさらに続けられ、また放送界の自主規制機関BPO（放送倫理・番組向上機構）への申し立ても検討しているという。さらに川崎会長は、独立化を含むBPOの再検討や放送法上の停波権限についても言及し、介入と規制をさらに強める意向を表明した。

自民党からの理不尽な介入・攻撃にもかかわらず、テレビ朝日やNHKをはじめテレビ局はこれに毅然と対峙しないで、そうした事実を視聴者や市民にきちんと説明もせず、聴取に安易に応じてしまうのは嘆かわしい。テレビ局に対しても、きびしい批判が向けられるべきだ。

3　自民党の報道抑圧・メディア統制は安倍政権の危険な本質

二〇一五年六月二五日に開かれた自民党の若手議員による勉強会におけるあからさまな報道抑圧の詳細は、本号の他の記事でも伝えられているとおりであるが、これは安倍政権下の与党自民党と政府そのものの本質であり、体質の現れであることを確認しておくことが肝要だ。

第一に、与党自民党はテレビに対して異常な介入を執拗に続けてきた。自民党は、二〇一四年の総選挙前の一一月に、在京テレビ局に選挙報道の公平中立を要請し、その後にはアベノミクスを取り上げたテレビ朝日の「報道ステーション」に対し公平中立な番組作成に取り組むよう求めた。さらに二〇一五年四月には、「クローズアップ現代」のやらせについてＮＨＫと、「報道ステーション」での古賀茂明氏の発言についてテレビ朝日の各々関係者を呼び、聴取した（本節2参照）。「マスコミを懲らしめるために広告料収入をなくすよう働きかけるべき」などの議員の発言は、以上のような与党自民党そのものの報道への介入、抑圧の暴走が土壌となっているとみて間違いない。

第二に、「沖縄の二つの新聞は潰さないといけない」との発言をした外部講師の百田尚樹氏をめぐっても、氏がこのような発言をしかねない右派論客の最たる人物であることを承知して、安倍首相の応援団を自負する「文化芸術懇話会」が講師を依頼したのであるから、これらにかかわる自民党議員も右派イデオロギーを是認し、共感している証であり、責任を免れない。安倍首相は第二次政権を率いると、百田氏をＮＨＫの最高意思決定機関である経営委員に任命した（二〇一五年二月退任）。委員在任中も問題発言を繰り返したが、百田氏は安倍応援団の中心的右派論客であって、今回のような発言を平然とし、責任も取ろうとせず開き直るような人物である。氏をかつて経営委員にさえ抜擢した安倍首相の責任は重大だ。

第三に、安倍首相自身がメディアや言論の抑圧に深くかかわった過去をもつ政治家であることを忘れてはならない。二〇〇一年、NHK教育テレビの番組「問われる戦時性暴力」をめぐって、当時官房副長官だった安倍氏は、放送前日にNHKの幹部と会い、番組内容を批判し、これを忖度したNHKは現場の意向を無視して番組を改変して放送したという事件だ（第2章第5節参照）。二〇〇五年になって『朝日新聞』の報道によって事件の詳細が明らかになったのだが、安倍首相のメディアや言論への介入、抑圧は筋金入りのものであることがよくわかる。

今回の報道抑圧発言は以上のほか、国家の秘密に即して情報の統制とコントロールを企てる特定秘密保護法の制定、会長や経営委員というトップを抑えるNHK支配の構図、さらには『朝日』の報道に対する一連のバッシングなども含め、自民党や安倍政権が進めるメディアや言論への抑圧、統制化という危険な本質の現れで、根源となっている現体制と正面から対峙し、克服していく課題が突きつけられている。

4　政治的公平とは何か／報道番組「NEWS23」への的外れな攻撃

「私達は、違法な報道を見逃しません。」といういささか大仰なタイトルの意見広告が、二〇一五年一一月一四日に『産経新聞』、一五日に『読売新聞』に、それぞれ一頁丸ごと使って掲載された。広告はTBSの報道番組「NEWS23」のメインキャスターである岸井成格氏を名指しで批判するものだった。広告を出したのは「放送法遵守を求める視聴者の会」という組織で、呼びかけ人には代表のすぎやまこういち、渡部昇一、ケント・ギルバートなどの諸氏が名を連ねている。

問題視されたのは、安保法案成立間近の二〇一五年九月一六日の放送で、岸井氏が「メディアとしても廃案に向けて声をずっと上げ続けるべきだと私は思います」と発言した点だ。広告では、岸井氏の発言は政治的公平や論点の多角的解明を求める放送法四条に違反する重大な違法行為であると断じている。とくに、岸井氏は同番組の「メインキャスター、司会者であり、番組と放送局を代表する立場の人物」であるから、コメンテーターとしての発言とは異なり、同条に明らかに抵触するという。

放送法四条は、放送局に対して一連の番組編集準則を求めているが、そこに含まれる公平原則（政治的公平と論点の多角的解明）をどう考えるべきか。意見広告のような論難は正当なものと言えるだろうか。論点は多岐に及ぶが、いくつかのポイントを押さえておくことが必要だ。

公平原則は放送局の編集に際してある種の規律を課すルールであることはたしかだが、それだけで自足し、完結するルールではない。公平原則は、放送法上の番組編集の自由（三条）や放送による表現の自由（一条）、ひいては憲法二一条に定める表現の自由を前提とし、そうした本質的な自由を侵害しない限度で許容されるものでなければならないはずである。そのことは、権力の監視を重要任務とする報道機関としての放送局にとって不可欠の要請でもある。とすれば、過度に厳格で一律の公平原則の押しつけは許されない。

具体的には、公平性如何を一番組の中だけで判断するのは、編集の自由や生き生きとした番組作りの観点から妥当ではなく、当該局の番組全体などに即して緩やかに判断することが必要だ。この点で意見広告の批判は的を射ているとは言い難い。また、公平性は厳格さがとりわけ求められる選挙報道とそれ以外の報道とでは区別されてしかるべきだ。何よりも、番組編集の自由や表現の自由、報道の権力監視などの見地からすれば、公平原則は厳密な法的ルールとしてではなく、本質的には倫理的、自主的基準として捉えることが妥当である。日本の場合はとりわけ、政府から独立した判定・実施機関を欠くなど、現行制度は適正な公平原則の実施条件を備えておらず、公平原則を法的制裁を伴う法規範として理解することはよけいに困難である。

全体として、意見広告の非難は的が外れている。

5 〝放送停波発言〟／総務大臣には、停波命じる資格はない

高市早苗総務大臣の放送電波停止発言が国会内外で波紋を広げている。

周知のように、二〇一六年二月八日と九日、同大臣は放送局が政治的公平性を欠くと判断した場合、放送法四条違反を理由に電波法七六条に基づいて電波停止を命じる可能性を表明し、総務省も同月一二日に「政治的公平の解釈について」と題する政府統一見解を出し、一つの番組のみでも公平性違反の判断と認定が可能とする高市大臣の国会答弁を追認した。高市総務大臣の発言とそれを追認する総

務省見解や安倍晋三首相の国会答弁などは説得的足り得るのか。

まず、日本では公平性を実際に実施し、強制することが困難であることである。この国では、イギリスやヨーロッパの国々と異なり、法律や番組コードなどによる公平性についての詳細な基準、すなわち、公平とは何かについての明確な定義や意味の確定、公平性違反の判定手続きや判定機関、違反に対する比例的・体系的な制裁措置などがきちんと法定されておらず、きわめて未整備であって、公平性を実施、強制できる前提自体を欠いているからである。

例えば、「公平」とは一つの番組ごとに要請されるのか、あるいは全番組についてまとめて要求されるのか、公平とは機械的・数量的な平等を意味しているのかなど、初歩的な基準さえ法定されていないのである。

特に、この点で重要なのは、放送の自由の観点から公平性を判定し制裁を科すためには、欧米で一般的にみられるような政府からは独立した、専門的な機関が設置されていることが不可欠だということである。

日本の場合、こうした独立的な機関はなく、総務大臣という政府の一行政機関が規制権限を直接担うことになるので、本来求められるべき公平性を実施、強制するための組織的、制度的条件を満たしていない。もっとも、政府から独立した規制機関を備えてきたイギリスやヨーロッパなどでも、一般に公平性などの番組基準にはなお不確定性が伴うため、違反の判定は容易でなく、また規制機関も安易に制裁を科してこなかった。

以上のような諸条件が整っていないままに、監督官庁などの公権力が公平性やその違反を判定し、制裁を科していくことになると、きわめて恣意的、政治的、一方的な判断の押しつけになる可能性があり、放送内容への露骨な権力的介入と放送の自由の侵害をもたらす危険がある。日本はまさにそういう現状にある。

これまで考察したことから言えば、放送法四条が定める公平性違反を理由に放送局に電波停止を命ずる資格は総務大臣にはない。公平性を含む放送法四条の番組編集準則は法的制裁を伴う法規範ではなく、一種の倫理基準と捉えて、準則の実現を放送事業者の自主自律に委ねるべきであるということになる。

6　放送の「自由」と「公平・公正」とは?／求められる将来像

高市早苗総務大臣の放送停波発言をはじめ、放送への露骨な介入が激しさを増していることにつき本節でもたびたび批判してきた。ここでは、放送にとって公平とは何かという問題を、欧米での経験や大局的論点に即して、探究すべき課題を提示してみたい。

日本では放送法によって放送事業者は番組編集に際し政治的な公平と論点の多角的解明が要請されているが(四条一項　以下、公平原則)、欧米でも公平原則は一般に放送規制の一環として維持されてきた。しかしながら、これだけが唯一の方式というわけではない。公平原則を制度化し、維持する欧米でなお普遍的な伝統的モデルがある一方で、一九八〇年代後半に規制緩和の流れの中で「公正原則

（フェアネス・ドクトリン）」という公平原則に匹敵する規制原理（連邦通信委員会〈ＦＣＣ〉の規則による）を撤廃してしまった米国に典型的な別のモデルも生まれたからだ。

二つのモデルの背景には、公平（公正）原則と放送の自由についての理解の違いがある。欧米で支配的な方向では、多様な言論の確保を重視する放送の自由観から公平原則を原則的に擁護する一方、米国では政府からの介入、規制の排除を本質とする放送の自由観から公正原則は放送の自由を侵害するものとみなされることになる（ただし、法的なルールが撤廃されたからといって、放送局が自主的、主体的ルールとしての公正さを投げ捨ててしまったわけではもちろんない）。どのように放送の自由像を構築し、その中に公平原則をどう位置付けるべきか。

このような原理的、理念的なモデルとは別に、欧米の経験を踏まえると、公平原則が制度化され、維持されるためには、多くの条件が満たされなければならない。例えば、公平性を制度化し、執行するためには、少なくとも公平とは何かについてある程度明確な、具体的な規定が不可欠であるし、違反した場合の制裁の種類や手続きが法定される必要がある。特に、政府の恣意的な介入を避けるためには、公平原則の判定、制裁をする機関は、政府から独立した機関であることが不可欠である。

さらに、番組への過剰な萎縮を避けるべく、過度に詳細で厳格な規制は許されず、放送局の番組全体をではなく、個々の番組に即して公平原則を適用することは認められない。いずれにしても、公平原則はどのように制度化されても、本質的に不確定性を免れず、実質的にはメディアの自律によって実現していく他なく、現に各国とも免許取り消し等の重大な制裁は発動してこなかったと言われている。

日本では独立的な規制機関を欠くなど、公平原則をまっとうに支える条件を満たしておらず、高市発言等の放送介入がいかに不当であるかは以上から明らかであるが、これを超えて、公平原則の将来像をどう構築するか、議論が求められるのも確かだ。

第5節　憲法改正案と表現の自由

1　自民党・改憲草案／表現の自由改変の策謀を許すな

二〇一二年の四月二七日、自民党は「日本国憲法改正草案」を公表した。国防軍を明記し、現行憲法の平和主義を骨抜きにする危険な試みだが、憲法改正により表現の自由を根本的に改変する露骨な企てでもある。

憲法改正は二一条（表現の自由）改正でもあることをかねてから指摘してきたが、そうした二一条改正には、三つの手法が確認できる。一つは、二一条自体を明示的に改正するもっともストレートで露骨なやり方である。二つ目は、プライバシーなどを憲法に盛り込むことによって、表現規制の効果を実質的に狙おうとする間接的な方法である。三つ目は、軍隊の保持や緊急権などを憲法に明記し、軍事的な価値を正面から認めることによって、表現・報道の自由の制限を正当化しようとする方式である。今回の自民党の改憲草案では、すべての手法が出揃っている。

なによりも重大な明文改憲手法としては、二一条に新しく、「公益及び公の秩序を害することを目的とした活動を行い、並びにそれを目的として結社をすることは、認められない」との規定（第二項）を加えることを提案している。「公益」や「公の秩序」などあいまいで漠然とした不明確な基準で、政府にとって不都合な批判的な言論や結社が禁圧され、抑圧されても合憲だということになる。「法律の範囲内」でしか表現の自由が認められなかった明治憲法のもと、治安維持法をはじめあまたの言論統制がなされた戦前、戦中の再来を許していいのか。

表現の自由改正の第二のタイプである間接的手法としては、個人情報の保護規定を新設し、そこでは「何人も、個人に関する情報を不当に取得し、保有し、又は利用してはならない」（一九条の二）と定めている。プライバシー保護をはるかに超えた個人情報保護法の趣旨を憲法次元にまで引き上げた格好だ。そもそも、憲法上の人権規定は、公権力が人々の人権を侵害することを禁止する趣旨であるにもかかわらず、ここでの規定は逆に人々に個人情報の保護を命ずる形になっているため、こうした個人情報の保護を盾に市民の表現や報道に対する規制措置としてもっぱら機能することになる。

第三の軍事的観点からの表現の自由改正は、九条に、第二項の自衛権の規定を新設するとともに、九条の二で国防軍を明記する条項を追加し、その中で、国防軍の機密の保護に関する事項は法律で定める旨も記している（第四項）。さらに、緊急事態の規定が憲法上新設され（第九章）、その中には、緊急事態に際しては何人も「国その他公の機関の指示に従わなければならない」との規定もみられる（九九条第三項）。軍隊や緊急権などを理由に、表現や報道の規制や制限は憲法上正当化され、表現の自由は存立が困難となるのは自明だ。

表現の自由とジャーナリズムの死を意味する改憲草案は葬り去る以外に方法はない。

2　改憲案相次ぎ提起！／憲法二一条改変は表現の自由の死

自民党の「日本国憲法改正草案」については、表現の自由改変の観点から本節1で批判的に検討したが、改憲を指向する勢力は、与党に復活した自民党だけではない。野党のたちあがれ日本（当時。その後、太陽の党を経て「日本維新の会」に合流したが、そのなかで重要な勢力を保っている）や日本維新の会、さらにはみんなの党も改憲を掲げ、「改正」が現実味を帯びてきた。一連の改憲構想は表現の自由をどうするのか。

ドラスティックな改変は、現憲法二一条の表現の自由条項に制限を加える規定を設ける提案で、自民党草案は二一条に「公益及び公の秩序を害することを目的とした活動を行い、並びにそれを目的として結社をすることは、認められない」との規定（第二項）を追加しているし、たちあがれ日本の「自主憲法大綱『案』」（二〇一二年四月二五日）は「表現の自由は、個人の名誉やプライバシーの保護、青少年の保護育成のために、一定の規制を受ける場合があることを明記する」と謳っている。

憲法上の表現の自由が制限付きの自由でしかないことを公然と主張する改憲案が有力政党によって相次いで提起されたことに驚きを禁じえない。公益や公の秩序を名目に、あるいは名誉・プライバシーや青少年保護の名のもとに、政府にとって不都合な表現、批判的な言論は表現の自由の範囲を超えるので容赦なく規制し、取り締まるべしという恐ろしい提案だ。

二一条（表現の自由条項）改変の危険性は、軍隊の保持や緊急権（非常事態）などを憲法に明記し、これにより言論の自由や報道の自由の制限を図ろうとする手法である。自民党草案は国防軍を明記し、緊急事態の規定も新設する一方、たちあがれ日本の大綱案も自衛軍の保持と国家非常事態条項を明文化し、さらにみんなの党の「憲法改正の基本的考え方」（二〇一二年四月二七日）も憲法上、非常事態法の整備を明記している。

とくに、自民党草案は、国防軍の機密の保護に関する事項は法律で定めるとともに、国防軍の機密に関する罪を犯した場合の裁判のため、国防軍に審判所を置くとしている（九条の二第四項、五項）。また、緊急事態についても、自民党草案は、緊急事態に際しては何人も「国その他公の機関の指示に従わなければならない」（九九条第三項）とし、たちあがれ日本の大綱案も国家非常事態に際して国や地方公共団体が「実施する措置に協力する国民の責務を明文化する」としている。

これらは、秘密保全法制をはじめ軍事秘密保護を強める立法を整備し、あわせて通常の裁判所とは別に実質的な軍法会議を設けるとともに、緊急事態（非常事態）を理由に国民の権利を制限し、義務を負わせるという提案で、表現の自由や報道の自由は国の厳しい統制に服することになる。二一条改変のための改憲は表現の自由の死を意味し、決して許してはならない。

3　憲法改正案が指し示すマイナンバー法案と秘密保全法の企て

自公政権の発足早々に、本章第1節1で共通番号（マイナンバー）法案は「優先順位が高く、成立を急ぐことになろう」と危惧を記したが、実際二〇一三年三月一日法案が閣議決定され、国会に上程された。先の論考では、秘密保全法制についても、法制化が急ピッチで進むことになろうとも指摘した。こうしたお上の立場からの情報の統制・コントロールを強める企ては、憲法の改正によっても推し進められようとしている。

その典型は、与党自民党の憲法改正草案である（本節1および2参照）。草案は、そもそも国民の人権は認めつつも、「自由及び権利には責任及び義務が伴うことを自覚し、常に公益及び公の秩序に反してはなら」ず（一二条）、国民の権利は「公益及び公の秩序に反しない限り」で尊重される（一三条）にとどめることが記され、権利より義務が強調されている。

これを受けて、表現の自由については、「公益及び公の秩序」を害する目的での活動や結社が禁止される（二一条二項）とともに、国民の知る権利は明記されず、わずかに国民への説明責任を国に課すにとどめている（二一条の二）。このように、知る権利を退け、表現の自由を制限する一方で、国防軍を明記し（九条の二）、そのなかで国防軍の「機密の保持に関する事項は、法律で定める」（四項）と記しており、このことは秘密保全法制の重要な構成要素である軍事秘密の法制化を求め、命じていることを意味する。さらには、国防軍の機密については、通常の裁判所と異なる審判所を設けることも規定されており（五項）、こうして新たな形で軍法会議が復活し、裁判の公開は骨抜きにされ、秘密保全の法制化のあり方にも重大なインパクトを及ぼすことになろう。

共通番号制は国民総背番号制に他ならず、市民の尊厳やプライバシーを侵害し、過剰な市民への管理と監視をもたらす提案である。現行憲法上、プライバシーの権利は一三条の幸福追求権の一部に含まれるという理解が一般的であり、これが住基ネットや共通番号制への対抗の法理の一つとしての役割を担ってきたが、草案では、プライバシーを含む国民の権利は「公益や公の秩序」に反しない限りで認められるに過ぎないとされるので、共通番号制は公益を体現する国益として正当化されるおそれが強い。

また、草案は、個人情報を保護する規定（一九条の二）を新設したが、「個人に関する情報を不当に取得し、保有し、又は利用してはならない」主体は国家権力ではなく、「何人も」とされており、メディアを含む市民が規制、禁止の名宛人とされているために、共通番号制を管理、運用する公権力は規制を免れる構造となっている。

こうした自民党の改憲草案が示す情報の統制とコントロールに抗して、情報公開や自己情報のコントロール権などの観点から情報を市民に取り戻す取り組みが求められている。

4　人権抑圧の〝劇薬〟！／民主主義立憲主義が骨抜き緊急事態条項

当時野党だった自民党は二〇一二年四月、「日本国憲法改正草案」を公表し、その中に緊急事態の章を新たに設けた。安倍晋三首相が憲法改正を悲願としてきたことは言うまでもないが、このところ、この条項を改憲の手はじめ、突破口とする動きが急浮上しつつある。背景には、大規模災害などの際に国会議員の「空白」を避けるべく任期の延長を認める必要があるなどの理由のもと、改憲に向けて与野党の合意が取りやすいからとの判断がある。

改憲案によると内閣総理大臣は武力攻撃、内乱等の社会秩序の混乱、大規模な自然災害などに際し「緊急事態」の宣言を発することができ、宣言には事前または事後に国会の承認が必要とされる。宣言の期間は一〇〇日であるが継続も認められ、同期間を超えるごとに国会の事前承認が求められる（以上九八条）。宣言が発せられると、内閣は法律と同一の効力をもつ政令を制定できるとともに、内閣総理大臣は財政支出を行ない、地方自治体の長に対して必要な指示もできる一方で、市民は緊急事態措置に関する国や自治体の指示に従わなければならないと定められている。また宣言の期間中は衆院は解散されないものとされ、国会議員の任期や選挙期日につき特例を設けることもできる（以上九九条）。

一般に緊急事態の制度は戦争や内乱などの緊急事態に際して、通常では認められない政府の権限を強化し、憲法で保障される市民の自由や人権を制限できる仕組みであるが、自民党の改憲案による緊急事態規定はそれを忠実に反映するものとなっている。緊急事態の宣告は首相に委ねられ、その範囲も武力攻撃だけでなく内乱や自然災害も含み限定はなく、期間も無期限となっている。国会は承認の権限が認められるものの、与党多数のもとで有効なチェックは難しい。緊急事態のもとで政府は国会とは別に立法ができ（緊急政令）、財政支出も可能となる。事後に国会の承認が求められているとはいえ、与党多数の議会がどれだけ監視、チェックができるか疑問だ。自治体への首相の指示権の規定は地方自治を骨抜きにしかねない。市民は緊急事態に関する国や自治体の指示に従うことが義務付けられるので、思想・良心の自由や表現の自由を含め、広範な自由と人権が制限されることになる。

大災害への対処のためということであれば、改憲で緊急事態規定を創設する必要はない。現に、災害対策基本法などの災害法制が用意されてきた。また、国会との関係で言えば、衆院が解散されていても参院の緊急集会の規定が現憲法に定められているので、緊急事態であっても十分対処可能である。改憲による緊急事態規定の創設は歴史的に見れば、ナチスの授権法や日本の緊急権法制（戒厳、非常大権、国家総動員法）の再来にほかならない。民主主義と立憲主義を掘り崩し、市民の自由と人権を抑圧しかねないこの〝劇薬〟を決して認めるわけにはいかない。

5　人権の変質を狙う自民党改憲草案の危険な試み

二〇一六年七月の参議院議員選挙により、改憲の発議のための三分の二以上の改憲勢力が参院でも確保されるおそれがある。

二〇一二年四月、自民党は「日本国憲法改正草案」を公表した。憲法は本来、人々の人権を保障することをその目的とし、そのために国家の権力を縛り、制限することが求められるが（立憲主義）、自民党の改憲草案は人権についてどう考えているのか。結論から言えば、市民の自由と人権を縮減する一方で、国家に強大な介入、規制権限を委ねることにより、本来の基本的人権とは言い難い自由と権利へと改変し、変質させる危険な試みだ。

自民党改憲草案での人権論を支える思想は、近代憲法が生み出し、日本国憲法が継承している「人は生まれながらの自由と権利をもつ」とする天賦人権論の拒絶である。「日本国憲法改正草案Q＆A」

では、「人権規定も、我が国の歴史、文化、伝統を踏まえたものであることも必要だ」との理由から、今回の草案は「天賦人権説に基づく規定振りを全面的に見直し」（Q2の答）、具体的には、現行憲法一一条中の、基本的人権は、「現在及び将来の国民に与へられる」との文言を削除した。さらに、草案は、憲法が最高法規であることを示す重要な根拠である九七条の条文（憲法の基本的人権は「現在及び将来の国民に対し」、侵すことのできない永久の権利として信託されたものである旨の規定）自体も削除してしまった。人権は生まれながらの権利であるが故に、国家権力いえども侵害してはならないものとする考え方を認めず、人権とは国家により付与されるものであるとして、国家の介入や規制の余地を広げる発想に他ならず、自由で民主的な人権論とはとうてい言えない代物だ。

これを踏まえて、改憲草案は、人権の制約を広く認める規制枠組みとして、現行憲法の「公共の福祉」という文言に替えて、「公益及び公の秩序」という新たな規制枠組みを提示し、また自由および義務が伴うことも求めている。すなわち、国民は、「自由及び権利には責任及び義務が伴うことを自覚し、常に公益及び公の秩序に反してはなら」ず（一二条）、生命、自由及び幸福追求に対する国民の権利については、「公益及び公の秩序に反しない限り、……最大限に尊重されなければならない」（一三条）と定めた（なお、二一条の表現の自由についても、同様の規制規定を新設した）。Q&Aは、新たに導入した「公益及び公の秩序」へと改正することにより、基本的人権の制約が、「人権相互の調整衝突の場合に限られるものではないことを明らかにした」と説明しているが、「公益及び公の秩序」の導入は、「責任及び義務」規定の明記ともども、人権の不可侵性を退け、国家が許容する範囲内のものとして人権を狭く閉じ込め、国家の介入、規制の余地を格段に拡張、強化するツールであると考えてよい。
人権の死を意味する改憲草案を葬り去る必要がある。

6 『産経新聞』が表現の自由制限する改憲案を提示

『産経新聞』は二〇一三年四月二六日、「国民の憲法」要綱を発表し、自ら紙面の一面トップで伝えた。要綱は一二章一一七条からなる改憲提案であるが、二〇一二年三月からの起草委員会（委員長・田久保忠衛杏林大学名誉教授）の議論を踏まえてまとめられた。『産経』の今回の改憲案は、条文を伴うメディアの改憲提案としては一九九四年以降提示されてきた読売新聞社の改憲試案に次ぐものだが、多くの問題を抱えている。

要綱の特徴を、紙面自らが一二点にわたって列記しているが、その中には「日本は立憲君主国と国柄を明記」、「天皇は元首で国の永続性の象徴」、「領土、主権、国旗・国歌を規定」、「国の安全、独立を守る軍を保持」、「国家の緊急事態条項を新設」、「国民は国を守る義務を負う」、などの項目も含まれている。本節でも何度か取り上げてきた自民党の憲法改正草案や読売改憲試案と共通する傾向をもつ提案だ。

ジャーナリズムの観点からは、『産経』という報道機関が、ますます重大な争点となってきつつある護憲、改憲という重大な政治的、社会的イシューについて、改正の条文まで提示して積極的に読者や世論に働きかけ、自ら政治のアクターとして正面からコミットすることが報道機関やジャーナリズムのあり方として望ましいのかという点で根本的な違和感をぬぐい得ない。報道機関や言論機関の一線を超えて、政治活動そのものにダイレクトに携わることになってしまわないか。しかも、改憲案の提示という自らにかかわる事柄を社説にとどまらず、一面トップの扱いも含め多くの紙面を費やして伝えることは、客観報道の原則とどう両立できるのか。また、中立・公正などを投げ打ってしまうのならともかく、それを維持するとすれば、それとの関係をどう説明するのかも問われなければならない。

もう一つの疑問は、その改憲提案における表現の自由の扱いについてである。政治的なスタンスの如何はともかく、およそ報道、言論機関である以上は、その基盤となっている言論、表現の自由を重視するのが自由で民主的な国の憲法でなければならないはずなのに、今回の要綱は、それに逆行する提案が目白押しだ。例えば、「自由および権利の行使については、国の安全、公共の利益または公の秩序の維持のため、法律により制限することができる」(一八条二項)し、「表現の自由は、第一八条によるほか、道徳および青少年の保護のため、法律により制限することができる」(二八条三項)と二重の規制を課している。また、緊急事態の条項(一一章)が新設されていて、内閣は政令で通信の秘密をはじめとする基本的人権を制限することができる(一一五条二項)。

秘密保全法や共通番号法案は国の安全や公の利益・秩序等の観点から合憲とされ、政府を批判する言論や結社は禁圧されかねない。この点でも、要綱は断じて認めるわけにはいかない。

7　憲法改正国民投票／メディア報道に山積する課題

二〇一六年一〇月二四日、参議院議員会館において「憲法／国民投票」のルール改善（国民投票法の改正）を考える会議の会合があった。憲法改正が現実味を増しつつあることは本章でも時に指摘してきたが、その手続き法である国民投票法にもメディアや報道等に関わって問題が少なくない。

一つは、一定期間の放送広告禁止が法定されている。これは、投票の期日一四日前から国民投票のための広告放送（有料広告、スポットＣＭ）を認めないとする措置である（一〇五条）。この規制は新聞等活字メディアには及ばないものの、改憲国民投票の賛否に関する広告は表現活動としての意味を担うもので、これを安易に禁止することは表現の自由の観点から慎重であるべきだ。ただし、国民投票広告の問題は運動の平等・公正の観点から検討を要する論点でもある。

第二に、先の一定期間の放送広告禁止以外には、テレビや新聞を利用した有料広告については一貫して野放しにされ、何らの規律も埒外に置かれているのは問題だ。広告も表現である以上、安易な法規制や行政介入には警戒が必要なのは確かだが、豊富な資金に恵まれた側が広告を垂れ流し続けるという事態をまったく放置し、運動の平等や公平さの確保という価値に何らかの考慮も払わない方式には疑義を呈さざるを得ない。憲法改正の国民投票という重大事に関わり、資金の多寡で民主主義（投票結果）を歪めてはならないとすれば、改善に向けたいくつかの選択肢がありうる。

例えば、ヨーロッパの一定の国々にみられるような放送広告の全面禁止もありうるだろうし、メディアの有料広告につき制限を加える方法もある。あるいは、政党や国民投票運動団体等に資金の上限を設け、その限度内、範囲内で広告を認めるというやり方もある。表現の自由に配慮しつつ、平等・公正な競争を確保するという観点から言うと、放送広告の全面禁止には慎重さが求められるように感じる。

第三に憲法改正国民投票のキャンペーンに関する報道の自由と規律について留意が求められる。この点放送に関しては、放送法四条に定める放送番組準則（政治的公平等の四つのルール）の訓示規定、留意規定が盛り込まれた（一〇四条）。これには有料広告も射程なのかの問題もあるが、憲法改正提案や批判をめぐり多様で多角的な報道が望まれる。活字メディアには放送における法的規制の枠はないものの、事実報道と社説等の意見の区別や報道の多様性の尊重など主体的なルール探求が必要とされる。

最後に、無料の新聞・テレビ広告を含む国民投票広報協議会の広報については（一〇六、一〇七条）、広報の客観性、中立性、改憲案の賛否に関する政党間の対等広報、指名団体による広報など法制定に際して一定の改善がもたらされたが、政党以外の団体（指名団体）等への一層の拡大が求められていよう。

第6節　児童ポルノ法改正とヘイト・スピーチ規制

1　表現の自由を脅かす児童ポルノ法改正案を自公維三党が提出

二〇一三年五月二九日、自民、公明、日本維新の会の三党は、児童ポルノ禁止法を一部改正する法案を衆議院に共同で提出した。児童ポルノ法の改正をめぐっては二〇〇八年以来、自民、公明両党は単純所持罪を導入し、漫画等の創作物規制も調査研究する規定も設ける法案を準備してきた一方、民主党は現行の児童ポルノの定義を限定化するとともに、有償ないし反復の取得罪を新設するなどの法案を提示してきた。今回の三党案は旧来の自公案と同類であり、表現の自由を脅かす危険な提案だ。

三党案が現行法に加えて提示している改正点は、まず第一に、児童ポルノを所持し、または児童ポルノに関わる電磁的記録（ハードディスク、ＤＶＤなどコンピュータで処理される記録）を保管することを禁ずる、第二に、「自己の性的好奇心を満たす目的で」、児童ポルノを所持し、または児童ポルノに係る電磁的記録を保管した場合には一年以下の懲役または一〇〇万円以下の罰金に処する、第三に、児童ポルノに類する漫画等（アニメ、ＣＧなども含む）と児童の権利を侵害する行為との関連性に関する調査研究を推進する、第四に、プロバイダー等の通信事業者は児童ポルノの防止に資する措置を講ずるよう努める、などである。

児童ポルノの規制は、性的虐待の被害者である子どもの権利を保護するための措置として重要な課題であることは疑いないが、他方で今回の児童ポルノ法改正の提案は表現の自由の観点からみてあまりにも問題が多すぎる。そもそも現行法の枠組み自体が過剰な規制に傾いていて、とくに児童ポルノの定義に「衣服の全部又は一部を着けない児童の姿態であって性欲を興奮させ又は刺激するもの」旨の規定（二条三項三号）が置かれているため規制対象があまりに広く、またあいまいな主観的要件を含んでいる結果、普通考えるポルノや猥褻などからかけ離れた単純なヌードや裸、水着姿なども広く規制されてしまいかねない。

こうした過度に広すぎる規制になっているところに今回の提案のような単純所持等が義務付けられ、処罰されるということになると、ポルノや猥褻とは無縁の写真等をもつ多くの市民が規制に直面する可能性があるし、郵送やメールを送りつけられる等による冤罪の危険や広範であいまいな要件による捜査機関の権限濫用も懸念される。規制を恐れて、出版社や書店などでも過度の萎縮が進む恐れもある。また、漫画やアニメ等創作物の規制については、調査結果を踏まえ、法律施行後三年後を目途に措置を取ることが提案されているが、こうした規制が新設されれば、実在の性的虐待への対処としての児童ポルノ法の基本的な枠組みを踏み越えた新たな規制を意味し、表現の自由や創作の自由への重大な侵害となる。

過剰な規制を含む現行法をそのままに、単純所持や漫画・アニメ等の規制を導入しようとする改正案は表現の自由の観点から認められる余地はない。

2　表現の自由の冬／児童ポルノ法改正と健全育成基本法案

第二次安倍内閣の発足を受けて、本章第1節1で、筆者は「『表現の自由の冬の時代』が到来しかねない」と指摘したが、わずか一年の間に共通番号法に続き、特定秘密保護法まで成立してしまった。冬の時代の入口に差し掛かったと考えて間違いなかろう。その後も表現規制の動きは着々と進められつつあり、そのターゲットの一つは「青少年保護」の名を掲げた児童ポルノ法改正と青少年健全育成基本法案の取り組みであって、二つの法案は今国会で審議される可能性が高まりつつある。

児童ポルノ法改正については、二〇〇八年以来、自民、公明両党は、単純所持罪を導入し、漫画等の創作物規制も調査研究する規定も設ける法案を準備してきたが、二〇一三年五月には日本維新の会も含め三党が法案を衆議院に共同で提出した。しかしながら、そもそも、現行法上、「衣服の全部又は一部を着けない児童の姿態であって性欲を興奮させ又は刺激するもの」との定義規定（二条三項三号）に示されるように規制対象があまりに広く、また曖昧な主観的要件を含んでいて過剰な表現規制になっている。これに加えて単純所持が処罰されることになり、さらには将来の漫画やアニメなどへの規制も新設されることになれば、捜査機関による権限拡張と濫用や、作者や出版社の萎縮が進むおそれがあり、表現の自由や創作の自由への重大な侵害となるのは必至である。なお、水面下で、創作物規制を削除し、単純所持罪の範囲も限定するとともに、議員立法から政府法案に変更しようとする動きもみられるようだが、これによって規制の危険性が除去されるわけではもとよりない。

もう一つの法案は、二〇一二年の衆議院選の選挙公約で自民党が「青少年の健全な成長に資する『青少年健全育成基本法案』の法整備など総合的な施策を推進します」と記している提案である。これは今回突然提示されたものではなく、前の自公政権の際、メディア規制三法の一角を構成する青少年有害社会環境対策法案の流れを継承する法案であり、現に二〇〇四年三月には、青少年健全育成基本法案が自民、公明議員による共同提案の形で参議院に提出されたが、審議未了で廃案となった経緯がある。この法案は、青少年の健全育成につき、事業者に包括的な悪影響防止の努力義務を課す一方、国や自治体に立法を含む広範な措置権限を付与する内容となっている。しかも、もともと自民党はこの法案と「青少年を取り巻く有害社会環境の適正化のための事業者等による自主規制に関する法律案」をセットで規制を目論んできたことから考えれば、官製の「自主規制」を押し付け、表現への政府の介入、規制を押し広げる企てと一体のものとして受け止めるべきだろう。

秘密保護法の廃止も含め、「表現の自由の冬の時代」到来を押しとどめることができるかどうかが問われている。

3　安倍政権が次に狙う児ポ法改正と盗聴法、健全育成基本法案

二〇一三年はこの国の言論と情報にとって画期的な年だった。共通番号法がその年の前半に、秘密保護法がその後半に相次いで成立し、政府による情報の統制・コントロールの両輪が整えられたから

である。これを受けて、この国の言論と情報への規制はどういう方向に向かっていくのだろうか。

安倍政権が狙うのは個別的、部分的な表現規制や情報統制措置ではなく、この国の言論を含む情報を「お上」の立場から、全面的、包括的に統制、コントロールしようとしていることである。国家秘密に即して表現規制を含めて情報の秘匿、禁圧を幅広く進める提案が秘密保護法であり、共通番号を付して税と社会保障をはじめとする広範な情報をコンピュータで国家管理する共通番号法の制定は、市民に関する情報の収集、管理、利用という情報の統制とコントロールのもう一つの側面を示している。このように情報の統制・コントロールとは、一方で国民が知るべき情報は秘匿、禁圧し、他方で踏み込んではならない市民情報を過剰に管理する手法にほかならない。

こうした情報統制の基盤的制度化を踏まえて、今後いくつかの方向での〔進展〕が確認できる。一つは、表現規制の一層の推進である。まずは「青少年保護」の名のもとに児童ポルノ法改正と青少年健全育成基本法の制定が目指されることになろう。また、民主党政権下で国会に上程された人権救済機関を新たに設置する人権委員会設置法案と人権擁護委員法一部改正案も今後検討される余地がないとはいえない。

もう一つの方向は、市民に対する情報監視の強化である。まず先行しているのは、現在法制審議会で準備されている盗聴法改正の動きである。そこでは、盗聴対象犯罪の拡大が提案されているだけでなく、電話以外の会話盗聴の合法化も検討課題にあげられている。また、自民党や政府の内部には電子メールの通信履歴の保存を法的に義務付ける提案も検討されている。

さらに、情報の統制とコントロールを強める企ては、立法のレベルにとどまらず、憲法の改正によっても推し進められようとしている。その典型は、二〇一二年に公表された自民党の憲法改正草案であり、そのなかで表現の自由については「公益及び公の秩序」を害する目的での活動や結社が禁止されることが示されている。

なお、籾井勝人新会長の発言問題でも明らかになったように、情報の統制とコントロールの重要なターゲットの一つとして、政権によるＮＨＫ支配が進みつつある。かつての番組改変での安倍晋三氏を含む与党政治家の外部からの圧力、介入という構図を超えて、ＮＨＫトップの経営委員会と会長ポストをおさえるべく人的、組織的な送り込みを図り、権力に迎合する世論作りを企てる安倍政権の露骨な戦略だ。

「お上」による情報の統制とコントロールを許さず、情報を市民に取り戻す取り組みが求められている。

4　修正案でも表現規制の危険性は除けない児童ポルノ法改正

安倍政権下での表現規制のターゲットの一つが児童ポルノ法改正で、今国会で審議される可能性が強まっていることを本節2で伝えたが、改正について修正案が与党から示され、修正協議が進められるなどの動きが顕在化してきた。

もともと、自民、公明、日本維新の会の三党は、二〇一三年、児童ポルノ法改正案を衆議院に共同で提出した。三党案が現行法に加えて提示してきた主要な改正点は、第一に児童ポルノを所持し、またはは児童ポルノにかかわる電磁的記録（ハードディスク、DVDなどコンピュータで処理される記録）を保管することを禁ずるとともに、「自己の性的好奇心を満たす目的で」児童ポルノを所持し、または児童ポルノに係る電磁的記録を保管した場合には一年以下の懲役または一〇〇万円以下の罰金に処すること（単純所持罪の導入）。

第二に児童ポルノに関する漫画等（アニメ、CGなども含む）と児童の権利を侵害する行為との関連性に関する調査研究を推進すること（創作物規制に向けた附則規定）などである。今回提示されている修正案では、附則に定める創作物規制に向けた規定が削除され、三党以外のみんなの党などへの共同提出の打診を含め、修正協議が進められている模様である。

修正案は表現規制の危険性を除去し、表現の自由を守れる措置と言えるのか。そもそも現行法の枠組み自体が過剰な規制に傾いていて、とくに児童ポルノの定義に「衣服の全部又は一部を着けない児童の姿態であって性欲を興奮させ又は刺激するもの」旨の規定（二条三項三号）が置かれているため、規制対象があまりに広く、また曖昧な主観的要件を含んでいる結果、普通考えるポルノや猥褻などからかけ離れた単純なヌードや裸、水着姿なども広く規制されてしまいかねない。

これに加えて提案されている単純所持等が義務付けられ、処罰されることになると、ポルノや猥褻とは無縁の写真や動画等を持っているだけで多くの市民が捜査や処罰の対象とされかねず、また郵送やメールを送りつけられる等による冤罪の危険に直面し、捜査機関の権限濫用も懸念され、規制を恐れて出版社や書店などでも過度の萎縮が進むなど、表現の自由を深刻に脅かす恐れがある。

漫画やアニメなど創作物の規制については、実在の性的虐待への対処としての児童ポルノ法の基本的な枠組みを踏み越えた新たな規制を意味し、表現や創作の自由への重大な侵害となるのは明らかであることを考えれば、その導入に向けた附則規定の削除はもとより当然であるが、附帯決議などを通して創作物規制導入に向けた措置をもぐりこませる可能性にも警戒が必要だ。

修正案の狙いは、当面創作物規制規定の削除の代わりに三党以外にも支持を広げ、今国会で何としてでも単純所持罪の導入を図ることは明白であって、安易な妥協は禁物である。

5　ヘイト・スピーチの取り締まりには過剰な表現規制の危険も

安倍政権は、特定秘密保護法の制定や児童ポルノ法改正など表現規制を強めつつある。前の民主党政権は、二〇一二年一一月、人権委員会設置法案などを衆議院に提出し、その後結局廃案となった経緯があり、現自公政権でも受け継がれる可能性がある。人権の名による表現規制の一つの手法である。

先の法案は、法務省の外局として人権委員会を設置し、人権侵害を任意に調査し、説示、勧告をはじめ、援助、調整、通告、告発などを行なうことができると定めている。法案で救済の対象となっているのは、「人権侵害行為」と「識別情報の摘示」の二つの類型である（二条）。前者の人権侵害行為とは、「不当な差別、虐待その他の人権を違法に侵害する行為」と定義されていて、市民やメディアの取材、表現活動が広く規制の対象とされる。後者の識別情報の摘示というのは、以前には「差別助長行為」と表示されてきたものである。こうして、差別表現も特定の人への差別的言動は人権侵害として、不特定多数への差別は識別情報の摘示として、それぞれ人権委員会による規制に服することになる。いずれにせよ、政府の一角を占める人権委員会があれこれの表現に介入し、規制できる制度設計そのものに疑義が残る。

識別情報の摘示とも関わるヘイト・スピーチは、人種、民族等不特定多数の者に向けられた憎悪的な表現であり、これに対して処罰をはじめ法的な規制を課すことは、特定個人に向けた表現を規制する現行法の基本的な枠組みからはみ出し、表現の自由を広範かつ過剰に制限する危険をはらみ、慎重な検討が求められる。

それを前提としつつも、表現の自由は無条件の自由ではもとよりなく、人間の本質的平等や人間の尊厳などの重要な価値や権利も正面から受け止め、それらと折り合いをつけていくことが求められていること、また、ヘイト・スピーチの法規制の在り方をめぐっても、唯一無二の方法しかないわけではなく、法規制を是認するヨーロッパ諸国等の一般的なアプローチと、規制に否定的な米国で支配的なアプローチが区別され、異なった選択肢があること、などを認識する必要がある。

人権委員会設置法の創設も含め、日本における法規制については、上記の異なった選択肢を認めたうえで、どれをなぜ選ぶのかが問われ、議論されるべきである。この点では特に、日本における「お上」優位型の支配、社会構造が伝統的に顕著であり、この間の一連の表現・メディア規制の拡大、強化の趨勢の中では、捜査権限をはじめ国家権力の権限の強化、拡大を帰結するヘイト・スピーチの法規制導入は躊躇せざるを得ない。

現行法の積極的活用とともに、ヘイト・スピーチに対する抗議、批判の提起と世論への働きかけ、啓発や教育などによる差別禁止の徹底と平等の実現に向けた市民社会の取り組みの強化などに委ねざるを得ないのではないか。

6 人種差別撤廃基本法案国会提出へ／表現規制への配慮を

ヘイト・スピーチ規制のための人種差別撤廃基本法案を国会に提出し、制定を図る動きが民主党を軸に進んでいる。特定の人種や民族への差別、憎悪を煽るヘイト・スピーチをどう克服していくかは私たちの社会が避けて通れない重大な課題であることは間違いないが、過剰な表現規制にならぬよう配慮が求められることを何度か指摘してきた（本節5および本章第4節1）。

今回の動きは民主党の有田芳生参院議員などを中心に、二〇一四年四月に超党派で結成された「人種差別撤廃基本法を求める議員連盟」（会長＝民主党・小川敏夫元法相）などとも連携しつつ、進められてきた。法案の素案は専門家グループや参議院法制局とも協議し、同年一〇月に小川会長自ら「人種等を理由とする差別の撤廃のための施策に関する法律案（仮称）骨格試案［未定稿］」を作成。ただし、この試案は最終案でも議連案でもなく、各党が持ち帰って検討し、可能な政党で共同提案されるべきものと説明されている。民主党では試案がネクスト内閣で議員立法として承認されるとともに、同党は維新の党をはじめ各党との協議に入っている。

試案によれば、法律の目的は差別撤廃のための施策を総合的に推進することで、そのために差別を禁止し、政府は差別防止の基本方針を定めなければならず、相談・紛争防止体制の整備、啓発活動、人権教育、調査の実施などの一連の差別防止措置を講じなければならないし、内閣府に人種等差別防止政策審議会を設置しなければならない、などが定められている。

大切な点は、差別の禁止について、何人も⑴人種等（「人種、皮膚の色、世系又は民族的若しくは種族的出身」）を理由とする不当な差別的取扱いや差別的言動により人種等を異にする者の権利利益を侵害してはならず、また⑵「人種等の共通の属性を有する不特定の者について、それらの者に著しく不安若しくは迷惑を覚えさせる目的又は当該属性を理由とする不当な差別的取扱をすることを助長し若しくは誘発する目的で、公然と当該属性を理由とする不当な差別的言動をしてはならない」と定めている。

⑴は特定された個人等に向けられた権利侵害表現を禁止しているので、現行法の枠組みに収まりそうだが、⑵は人種、民族等の不特定多数の者に向けられた差別助長・誘発表現等を広く禁止するもので、表現の自由を広範かつ過剰に制約するおそれがある。たしかに、今回の試案は基本法的な性格をもつものなので、刑事処罰や行政的勧告などの具体的な制裁や救済を及ぼすものではない。が、法律による禁止の法定はそれ自体で強力な萎縮効果を市民や社会に及ぼすことが危惧されるし、具体的な救済や制裁を伴う将来の立法措置の前提、布石ともなる。試案は、規制色の強い人権擁護法案や人権委員会設置法案の系譜にある。表現の自由への副作用も含めての議論が不可欠だ。

第7節　報道の自由とジャーナリズムをめぐって

1　報道の自由と知る権利を脅かす旅券返納命令

『週刊金曜日』二〇一五年二月二〇日号の「金曜アンテナ」欄でも取り上げられているように、二〇一五年二月七日、外務大臣は、シリア渡航を予定していたフリーカメラマンの杉本祐一氏に対して、旅券（パスポート）の返納を命ずるという重大な決定を行なった。旅券法に定める措置の初めての発動であり、通例の行政権限の行使というより、安倍官邸の強い意向を反映したものだ（官邸と外務省の緊密なやり取りがなされたことが福島みずほ参院議員などにより明らかにされている）。

何よりも確認しなければならないのは、旅券の所持は、外国への移動にとって不可欠の手段であり、その前提となっている外国渡航自体は、憲法上の基本的人権として保障されているし（二二条）、ジャーナリズムとのかかわりから言えば、紛争を含む外国での取材や報道を確保するためには旅券の所持は必須であり、憲法が保護する取材・報道の自由（二一条）の条件でもある。

旅券の所持が外国渡航の自由や取材・報道の自由に支えられるものだとしたら、旅券の発給や所持の制限は原則許されず、やむなく認められるとしても、必要最小限の規制と厳格な手続きが求められるべきだ。返納の根拠となった旅券法は、旅券の名義人の「生命、身体又は財産の保護」を理由に外相に返納命令の権限を付与しているが（一九条一項四号）、かくもあいまい漠然とし、かつ包括的な制限規定自体が、違憲の疑いを禁じ得ない。

しかも、今回の場合のように、問題となった渡航先（シリア）を理由に返納が命じられたことで、問題とされない他の渡航先全部への渡航も事実上不可能になってしまうことになり、乱暴きわまりない過剰な抑圧だ。さらに、杉本氏はシリアの「イスラム国」支配地域ではない場所に行くことを想定していたにもかかわらず、返納を強制された点も命令の妥当性が問われる。

重大な不利益を被る恐れがある旅券の返納は、適正手続の要件（憲法三一条、行政手続法上の聴聞手続）を満たすものでなければならない。ところが、外国渡航の自由や取材・報道の自由を著しく侵害する危険があるにもかかわらず、今回の返納命令では、行政の側は緊急な処分を理由として聴聞手続を省けることを根拠に（行政手続法一三条二項一号）、聴聞の機会も与えなかった。不当な対応と言わざるを得ない。

今回の旅券返納命令は、権力の恣意により、国際紛争を取材、報道するジャーナリズムの活動を禁圧し、市民の知る権利を狭める民主主義にとってゆゆしき事態であり、欧米の観点からみれば、日本の対応は異常だ。とくに、この国では、危険地帯からの退避に傾きがちな主要メディアと異なり、現地で果敢な取材、報道により真実を伝えてきたフリーランスにとって致命的なダメージを与える。今後の状況次第では、主要メディアへも返納の射程が広げられる可能性もある。いずれにせよ、返納措置は実質的な報道統制と受け止めるべきだ。

2　安保法制で進むメディア統制と取材ルール

参議院で安保法制の審議がはじまった。集団的自衛権行使の具体化をはじめとする今回の安保法制は言論とメディアへの一層の統制に拍車がかかることが危惧される。先ごろ（二〇一五年七月）、二〇〇三年末からイラクに派遣された自衛隊に関する内部報告書の全容が明らかにされたが、その際のメディアの取材・報道の在り方も、安保法制を考えるうえで重要な教訓となりうる論点だ。

二〇〇四年三月、イラクでの自衛隊取材につき、防衛庁（当時）は日本新聞協会・日本民間放送連盟と合意して一連のルールを取り結び、防衛庁発行の立入取材員証等の許可がない限り取材が認められず、現地部隊の円滑な任務遂行に悪影響を及ぼす情報については防衛庁・自衛隊の同意がない限り報道も許されないなど、メディアは厳しい取材・報道規制にさらされることになった。現行憲法が表現の自由の見地から厳しく禁ずる検閲を当のメディア自身が受け入れてしまったことは、まさに重大な歴史的汚点と言わなければならない。

取材・報道ルールは、イラク戦争に際してアメリカ軍が採用したルール（エンベッド〔埋め込み〕ルールと言われる）をもとに作成したと言われるもので、まさに戦時を前提としたルールであるが、非戦闘地域に人道復興支援という非軍事活動に従事していると説明される自衛隊の活動を取材、報道するのになぜこうした戦争を前提とした戦時のルールを結ばねばならないのか、そもそも根本的な疑問があった。新聞協会や民放連というメディア団体がメディアを束ねて足並みを揃え、取材・報道の自由への統制を是認したのも、また防衛庁の意向からリアルタイムでの途中経過報道をすることなくルールづくりが進められたのも、ジャーナリズムや表現の自由の本質に真っ向から背馳する対応だった。

しかもその後、サマワの治安情勢が悪化する中、自衛隊の要請に応じて早い段階で報道各社は揃って現地から撤退し、政府・自衛隊の大本営発表だけがまかり通る事態が生じた。イラクでの自衛隊の活動の大半は、独立したメディアやジャーナリズムによる取材や報道によって検証され、精査されることなく行なわれたことになる。また、有事法制が発動されたわけではないのに、有事・戦時に特有の言論・報道統制がすでに先取り的にはじまっていたことでもある。

冒頭の内部報告書では、「非戦闘地域」であるサマワの自衛隊の宿営地には迫撃弾やロケット弾での攻撃が一〇回以上におよんでいることなどが記されているが、安保法案では「非戦闘地域」の枠組みは撤廃されるなど、軍事的危険性は一気に強まることが危惧される。防衛省は安保法制化の中、先の取材ルールでの成果を踏まえて研究を進めていると報じられているが（『西日本新聞』四月二七日付朝刊）、安保法制化はメディアの取材・報道の統制とその強化が不可分な形で進められていることを直視する必要がある。

3　取材監視、会見拒否！／今村岳司西宮市長が報道に異常な攻撃

二〇一五年一月から、兵庫県西宮市で市当局によりメディアの取材、報道に異常な攻撃が加えられ

ている。一地方の問題ではなく、言論とメディアへの統制と支配を加速する安倍政権の雰囲気や風潮と重なり合うものを感じ、見過ごせない。

事の発端は、一月一五日、テレビ大阪が放送した番組（テレビ東京制作）だった。同番組は、阪神・淡路大震災被災者のために兵庫県西宮市が借り上げている復興住宅に関して返還期限が迫っていることを取り上げたものだが、今村岳司市長は入居者を一方的に追い出しているような放送で、取材しているのに市が行なっている支援策にも触れなかったなどと判断してテレビ東京に抗議、同局も誤解を生ずる可能性があったなどとして謝罪した（同月二三日）。

これを踏まえて、今村市長は一連のメディア対策を矢継ぎ早に打ち出すことになる。まず、一月二三日の記者会見では、以下の方針を明らかにした。①重要政策の報道に関し、市が「偏向報道」と判断した場合、メディア名と抗議文を広報誌とホームページに掲載する。②改善がされない場合には、今後その報道機関の取材には応じない。③重要施策でテレビ局の取材を受ける際、広報課の職員が立ち会い、取材状況をビデオ撮影、録画する――。なお、その後同月二六日になって、①での「偏向報道」の文言は撤回し、②の報道が「改善」されない場合の取材拒否措置も取り消した。ただし、③を含め、それ以外の措置について変更は加えなかった。

九月二五日、同市長は間もなく返還期限を迎える復興住宅の問題について、一一社が加盟する市政記者クラブが二度にわたって要望しているにもかかわらず、これまで市議会やホームページで説明しているからなどとして、記者会見を拒否した。さらに一〇月一五日には、同市長は、市の重要施策を公表する方法として記者会見よりホームページに文書をあげるという方針を示した。市長によれば、記者会見しても市の見解をそのまま報道してもらえるとは考えていないので、誤解を招き、議論を呼ぶ等の内容については、会見ではなくホームページに文書で市の見解を発表していくという。

一連の諸措置は、報道機関へのきわめてあからさまな攻撃であり、取材、報道の自由への深刻な侵害にほかならない。「偏向報道」の文言や取材拒否措置は取り消されたものの、当局に批判的な報道についてメディア名や抗議文を公表するのは制裁的な意味をもつ過剰な規制であって、報道の自由を脅かす危険がある。テレビ局取材へのビデオ撮影についても、取材源の秘匿も含む取材の自由そのものに公権力が介入し、メディアを監視することにほかならず、違憲の措置と言わざるを得ない。ホームページでの対応方針は、記者会見そのものの拒否宣言であり、取材・報道の自由を狭め、市民の知る権利を奪うことを意味し、自由なメディアと民主主義社会にあってはならない挑戦である。

4 国際社会は見直しへ／「表現の自由」脅かす刑事名誉毀損罪

韓国の朴槿恵大統領の名誉を傷つけたとして起訴された『産経新聞』の加藤達也前ソウル支局長に対し、ソウル中央地裁は二〇一五年一二月一七日、無罪判決を言い渡した。判決自体はもとより妥当な司法判断と言えるが、韓国だけでなく日本にとっても課題が問われている。

国際社会では刑事名誉毀損法制の再検討が進み、法制廃止を含む改革の取り組みが強められつつある。表現の自由などの観点からみて、名誉毀損罪が重大な問題を数多く抱えているからだ。

第一に、実際上、名誉毀損は原告の評判の保護という目的以外に濫用され、刑事名誉毀損についてはとくに、政治家や官僚などの権力者や社会的強者により政府批判を制限し、公共的議論を抑圧する役割を、少なくない国々で果たしてきた。第二は、政府や政治家、役人などに対する批判は表現の自由と民主主義にとって不可欠である。名誉毀損法制自体は個人の評判を保護するために正当なものであったとしても、民事規制を超えて、名誉毀損的言論を処罰する国家の権限が認められるか、きわめて疑問である。第三に、刑事名誉毀損は、投獄や高額の罰金を含む過酷な刑事的制裁を伴うことにより市民の表現活動と社会の民主的な討論に深刻な萎縮効果をもたらし、表現の自由と民主主義を深く傷つける恐れがある。第四に、名誉毀損法制の本質が個人の評判、名声の保護にあるとするならば、それにもっとも適合的な対処方式は損害に対して金銭賠償等の方法で救済する民事名誉毀損の方式であって、刑事名誉毀損は効果的な救済手段でないだけでなく、不必要でもある。

そこから、名誉毀損への対処をできる限り刑事法的手段に依拠するのを避け、さらには法制自体を廃止する方向が国際社会で進行しつつある。この間、端的に刑事名誉毀損を法制上廃止する国々が登場するようになった。例えば、ニュージーランド（一九九二年）、ガーナ（二〇〇一年）、ウクライナ（二〇〇一年）、スリランカ（二〇〇二年）、ボスニアヘルツェゴビナ（二〇〇二年）、ジョージア（二〇〇四年）、モルジブ（二〇〇九年）、英国（二〇〇九年）などだ。

名誉毀損罪の見直しは国際人権機関の間でも強まっている。意見及び表現の自由に関する国連特別報告者は、二〇〇〇年および二〇〇一年の報告で、国連加盟国に対し刑事名誉毀損法を廃止し、民事名誉毀損法に取って替えるべきことを要請した。さらに、一九九九年、二〇〇〇年、二〇〇三年の三度にわたって、国連特別報告者は、メディアの自由に関する全欧安保会議代表者と表現の自由に関する米州特別報告者と一緒に、加盟国に対して刑事名誉毀損法を廃止することを要請する共同宣言を発した。有力な国際機関が刑事名誉毀損法の廃止を求めている点は重要だ。

韓国だけでなく日本も名誉毀損を処罰する規定を置いている。表現の自由と民主主義の観点から、国際社会の流れも踏まえて、刑事名誉毀損法の廃止に向けた取り組みが求められる。

5　テロ容疑者報道／過剰な自粛と政府介入に警戒を

テロ事件が相次ぐフランスで、容疑者の写真や名前などを制限し、差し控える動きが報道機関にみられ、一方で従来の報道を続けるメディアもある。日本は欧米と同じようなテロに直面している現状にはないもののテロと無縁とは言い切れない。フランスなどでの取り組みは、日本での報道を考える際に参考とし、教訓とすべきだろう。

『朝日新聞』の報道（二〇一六年八月二〇日付朝刊）などによると、テロ容疑者について、ニュース専門テレビ「BFM」は顔の映像（写真）を出さず（同じくニュース専門テレビ「フランス24」やカトリック紙『ラ・クロワ』も同様）、『ル・モンド』紙は身分証の写真などに限って掲載するようにした。また、『ラ・クロワ』やラジオ「ヨーロッパ1」は容疑者をフルネームで報道するのをやめ、名字の頭文字だけを伝えるようになった。自粛の理由として、写真等の情報が視聴者や読者に恐怖感や嫌悪感を抱かせ、報道がテロ集団のメッセージを広め、テロリストの英雄視など彼らを利することを避けるため、などとしている。こうした動きに対して、『リベラシオン』紙や『フィガロ』紙はこうした自粛措置を取らず、従来の顔写真や氏名の掲載を継続している。

これらはメディアの自粛、自主規制の取り組みの例であるが、英国では別の経験もあった。ＩＲＡ（アイルランド共和軍）による爆弾闘争も含む北アイルランド紛争が激しかったなか、一九九八年一〇月、ＢＢＣ（英国放送協会）等にたいして、ＩＲＡなどの非合法団体やそれ以外の一連の過激派団体の代表者の言明やそうした団体の支持者の言明をラジオ・テレビで放送することを差し控えるよう求めた内務大臣の通告を発した。ＩＲＡ指導者らとのインタビュー放送などはテロ団体に宣伝の機会を与えるとしてそれらを禁止すべく導入された措置だったが、非合法団体のみならず、国会議員や地方議員を有するシン・フェインなどの合法政党も対象とし、広範包括的に放送を禁止する報道の自由へのきわめて重大で異例な規制措置だった。一九九四年九月、ＩＲＡの停戦措置を受けて解除された。

フランスでの動きは、テロ報道をめぐり報道機関が自主的、主体的に問題を提起し、格闘している取り組みとして貴重ではあるが、そこでの自粛や自主規制の方向には賛成できない。テロ報道がテロの賛美に向かわないような配慮や批判に留意しつつ、またテロの背景や本質に迫る努力を重ねつつ、容疑者の写真や名前、その主張などは事実として伝えていくべきだろう。さらに、東京オリンピックの開催を名目に共謀罪（テロ等組織犯罪準備罪）の創設などテロ対策を強化し、市民的自由の規制を強めつつある日本の現状を踏まえると、テロ容疑者を含むテロ報道については、報道機関の自粛や自主規制を超えて、英国の経験のように、政府や権力による過剰な介入の危険に警戒を怠るべきではない。

6 警官制圧死訴訟／映像不提出支持は真相隠蔽の危険

最高裁第三小法廷（山﨑敏充裁判長）は、二〇一七年七月二五日付の決定で、事件現場の映像を民事裁判で証拠提出させることの是非をめぐり、鹿児島地裁の映像提出命令を取り消した福岡高裁宮崎支部を支持し、映像提出を認めない判断を示した。今回の問題をめぐっては、『読売新聞』（七月二八日付）や『東京新聞』（七月二九日付）など一部メディアの報道以外には大きく扱われることもなかったが、取材映像の目的外使用をめぐり重要な論点を含んでいる。

先の『読売』『東京』の記事をもとに手短にまとめると、事の発端は、二〇一三年、けんかの通報により駆けつけた県警の警察官に男性が取り押さえられ、死亡したことだった。事件の様子を収録した問題の映像は、テレビ局が警察のドキュメンタリー番組の制作で警察官に同行取材した際に撮影されたものである。刑事事件として、警察官二人が業務上過失致死罪に問われ、鹿児島地裁は罰金刑を言い渡し、確定した（二〇一五年）。実際に映像は放映されなかったが、県警が映像を押収し、鹿児島地検が保管してきた。映像は刑事裁判で証拠として出されなかった。

後に遺族は県に損害賠償を求める民事訴訟を地裁に起こし、映像の提出も要求した。地裁は、二〇一六年一二月、「高い証拠価値があり、報道の自由やテレビ局の利益を優越する」と地検に提出を命じたが、検察側の即時抗告を受けた先の高裁支部は二〇一七年三月、「映像を提出した場合、報道の自由や当事者以外のプライバシーが侵害される恐れが高い」として地裁決定を取り消し、最高裁も遺族側の特別抗告を棄却した。

取材映像の報道目的外使用は、取材の自由や報道の自由の観点からは、そうした自由の根幹を脅かす危険があり、原則的に許されるべきでないことは言うまでもなく、テレビ局や報道機関が目的外使用の禁止を求めることは当然だ。また、利益衡量の観点から公正な裁判などに傾き、目的外使用を広く容認する最高裁等の司法判断にも警戒が必要であり、映像の提出を認めなかった今回の最高裁決定は評価すべきとの声がメディアでも大きい。

だが、疑問を感じることが少なくない。今回の事案の本質は、警官制圧死の実態、真相を撮影した映像が公にされることなく隠蔽され、闇に葬られようとされていることだ。警官の職権行使で市民が死亡した今回のような場面では、映像は公正な司法や市民の裁判を受ける権利の観点から真相究明や警察権力の監視、チェックに不可欠で、目的外使用の例外と位置付けることが求められる。また、今回の事案では県警による映像差し押さえの経緯は明らかになっていないが、取材したテレビ局をはじめ、報道界は保管している地検に対して返還を強く求め、放映そのものを何よりも実現する責務がある。

取材映像の目的外使用禁止や報道の自由の口実のもとに、警察の権力行使を隠蔽し、真相を闇に葬ることに対峙し、異議を唱える必要を痛感する。

7　権力など他律による自主規制や自粛を安易に受け入れるな

イギリスでは近年、タブロイド紙による深刻な盗聴問題の発覚などを機に、プレス規制につき自主規制に委ねるか、それとも法規制を取り入れるのかが問われる事態に直面している。日本の文脈に即して考えると、欧米とは異なり、表現の自由や報道の自由の伝統が十分に確立、形成されているとは言いがたく、二〇一三年の特定秘密保護法の制定などに象徴されるような公権力の介入、規制の強化、拡大が進行していることを踏まえると、安易な法規制には警戒が求められる。人権問題をはじめ市民とメディアに関わる諸課題は、基本的には市民社会の自治として自主自律によって担われていくべきだ。

とはいえ、自主規制には危うさもあり、問題も多い。例えば、自主規制や自律などの体のいい名前のもとに、あるいはメディアやジャーナリズムの抵抗を薄め、弱めるために、しかし実のところは政府や権力が本来の意思を押し付け、貫く手段として援用し、利用する場合も少なくない。別の表現をすれば、規制法の枠組みへの自主規制の取り込みである。

かつて提案された青少年有害社会環境対策基本法案では、自主規制団体である業界の対策協会を法で定めるだけでなく、幾重もの官の介入、規制のもとに置いているし、個人情報保護法下の民間の個人情報保護団体も同様の構造をもつ。人権委員会設置法案でも、自主機関が扱う事案を人権委員会の救済対象から除外していない。これらは、自主規制が官による規制の代行機関、下請け機関として機能する危険が高い。

裁判員法で偏向報道の規定は削除されたものの、最高裁によってメディアに自主ルールを求め、新聞協会や民放連がこれに応じて自主ルールを策定したのも、少なくとも規制する側の観点から考えれば、自主規制の名による権力の介入、規制の側面をもつことも否めない。放送法改正による新たな行政処分の導入を避けるべく、放送界が放送倫理検証委員会を設置したことは、本来の自主自律の現われなのか、それとも実態は権力に強いられた他律に他ならないのか、吟味が求められる。

しかも、制度化された自主規制の仕組みが他律的な規制枠組みに取り込まれるというだけでなく、タブーや差しさわりのある事柄をめぐって、メディアの現場では権力など外部の力による直接的な介入、規制を受けることもないのに、メディア組織や市民社会の内部で過剰な忖度、自粛、自主規制が働き、自由闊達な言論と表現が抑圧されていく傾向も強めている。

自主規制には批判的吟味が迫られている。メディアやジャーナリズムの側は、権力など他律による自主規制や自粛を安易に受け入れることを退けるとともに、過剰な自主規制に自制、警戒を払いつつ、表現の自由とジャーナリズムの独立を貫き、現場や市民と連携して、真に自発的で主体的に自主自律を推し進めることが求められる。

8　NHN籾井会長発言「公式発表をベースに」は大本営報道の再来

NHKの籾井勝人会長が、局内の会議で原発について「公式発表をベースに」伝える旨を指示したことが報道された（『毎日新聞』二〇一六年四月二三日付朝刊、『朝日新聞』四月二七日付朝刊など）。「独立した」報道機関で「公式発表をベースに」報道することを公に宣言した戦後初めての試みであり、挑戦ではないか。その帰結は、かつての大本営発表報道の容認と再来に他ならない。

籾井会長の発言がなされたのは、熊本地震発生を受けて開いたＮＨＫ内部の災害対策本部会議で、同年同月二〇日にＮＨＫ放送センターで開催された。会長は、公式発表をベースに伝える旨の理由として、「住民の不安をいたずらにかき立てないよう」にするためとしつつ、「いろいろある専門家の見解を伝えても、いたずらに不安をかき立てる」とも発言している。同月二六日の衆議院総務委員会で公式発表が何を指すかについて質問を受けた籾井会長は、気象庁、原子力規制委員会、九州電力が出しているもの、をあげている。

公共放送機関であるＮＨＫも含む自由で独立した報道機関であろうとする限り、原発についてであれ何であれ、その報道について当局の「公式発表をベースに」報道しつつ、専門家の見解を含め、報道機関の独自の取材や調査など多様な報道を狭め、排除することは原理、原則のレベルで認められない。「公式発表をベースに」した報道機関とは政府の広報機関に他ならず、政府の宣伝、プロパガンダ機関、かつての大本営発表を垂れ流す機関になり下がることを意味する。何人も、自由で独立したＮＨＫを支える報道原理を勝手に改変することはもとより許されない。

そして何よりも原発をめぐる情報や報道をめぐっては、三・一一の福島原発事故の教訓をこそ踏まえるべきではないか。政府は当初長いこと、放射能の拡散を予測するＳＰＥＥＤＩ情報を公表せず、的確な避難を困難にさせたが、こうした情報は当局が公表するまで報道機関はこれを待ってしか報道できず、当局が公表しなければ報道機関は永遠に報道するなということになる。報道機関の自殺である。

事故当初は特に、メディアによる福島原発報道は公式発表報道のオンパレードであり、そのためにメディアは政府や東京電力に真相の情報公開を強く迫らず、事故の重大性や放射能の危険性を過少に発表する当局の主張を無批判に伝え、事故と原発推進政策をめぐる政府や東電の責任を厳しく追及する姿勢も希薄だった。ジャーナリズムの魂である真実の探求も権力の監視も、消え失せてしまったわけだ。

原発報道について、公式発表を批判的に吟味、克服し、調査報道に軸足を置いた報道の転換こそが、報道機関に求められている課題である。翻って考えると、原発問題に限らず、公式発表をベースにしたのでない報道をこの国のメディアは貫いてきたと言えるのだろうか。メディア全体が克服すべき重要な問題だ。

9　加計問題で権力かばい報道機関の資格欠いたＮＨＫと『読売新聞』

共謀罪を新設する組織的犯罪処罰法改正案の成立如何が参議院で正念場を迎え、目を離せないが、加計学園問題に関わるメディアの報道をめぐっても見過ごせない事態が見られた。

加計学園の獣医学部新設をめぐって、「総理の意向」や「官邸の最高レベル」などの記述を含む文書が文部科学省に記録されていることを『朝日新聞』がはじめて報道したのが二〇一七年五月一七日、一八日だった。ところが、この内部文書をめぐり『朝日』より先に報道したのがNHKだったことはあまり知られていない。前日一六日深夜の「ニュースチェック11」でNHKは一足先に報道したものの、役人の個人名などとともにこともあろうに肝心かなめの「官邸の最高レベル」という核心部分さえ黒塗りにし、放送中加計学園や国家戦略特区などにも言及しないなどの扱いに終始した。

つまり、これでは『朝日』が伝える事柄とは程遠く、何のことかさっぱりわからないことになるし、あるNHK局員の言によれば、「これほど内部文書の価値を無視した報道はない」(『週刊ポスト』二〇一七年六月二三日号)ということにもなろう。いずれにしても、報道機関が重要な情報を入手した場合、重要な事実を事実として伝えるのがジャーナリズムの最低限のルールであるはずなのに、肝心の部分を黒塗りにして視聴者に事柄の本質を伝えず、むしろ政府や権力をかばい、配慮する姿勢がうかがえる(翌日、他メディアの動きも受けて黒塗りは解禁した)。

もう一つは、前川喜平・前文部科学事務次官のいわゆる出会い系バー通いを伝える『読売新聞』の報道である。前川氏は後に加計学園をめぐる文科省の内部文書は本物である旨を公にしたのだが、その前にタイミングを計るかのごとく、『読売』は二〇一七年五月二二日「前川前次官　出会い系バー通い　文科省在職中、平日夜」の見出しで社会面に記事を載せた。記事に対する批判に対して、原口隆則・社会部長名で「次官時代の不適切な行動　報道すべき公共の関心事」というタイトルの記事も六月三日に掲載された。二二日の記事では、前川氏に関わって税金を使ったり職務内に出入りしたり、売春や援助交際、不正な接待等があったりなどの事実は一切示されていない。

社会部長は「次官在職中の職務に関わる不適切な行動についての報道は、公共の関心事であり、公益目的にもかなうもの」と言うが、先に示した記事の事実だけで公共性、公益性を支えるのは不可能だし、そもそも何もないときにこんな記事を出すとすれば報道価値を疑う。客観的には、政府や官邸と一体となって前川氏への個人攻撃を加える以外のなにものでもない。一九七〇年代沖縄密約事件が問題となったときに、密約から女性問題、取材方法へとすり替えようとした企てが思い起こされる。

ＮＨＫや『読売新聞』の報道からは、権力監視や報道機関の資格を欠いていると言わざるを得ない。

第4章　表現の自由とメディアの現在
二〇一八年～

第1節　表現の自由と規制をめぐる動向

1　東京都の迷惑防止条例改正と人権条例

迷惑防止条例改正

森友問題が重大な局面を迎えるなか、市民やメディアの表現活動に多大な脅威をもたらしかねない法改正の動きが進んでいる。東京都の迷惑防止条例改正案である。都議会の警察・消防委員会は二〇一八年三月二二日、盗撮やつきまとい行為への規制を強化する東京都迷惑防止条例改正案を、共産を除く会派の多数で可決し、二九日の本会議でも可決、成立する見込みだ。（現に、その通り成立した。）

今回の改正案では、盗撮の規制場所等の拡大・強化とならんで、つきまとい行為の追加、拡大が提案されており、これが表現の自由や取材の自由などとの関係で特に議論を呼ぶことになったのである。

もともと迷惑防止条例は、ねたみ、恨み等の「悪意の感情」に基づく行為を禁止、規制しているのだが、恋愛感情等の好意の感情によるつきまとい行為等を禁止するストーカー規制法とは性格や対象が異なる。後者は行為や行為者がかなり限定されているのに対して、前者では行為はあいまい広範であり、規制対象となる人も広く市民やメディアに及ぶおそれがある。

条例自体がそういう危うさを抱えているにもかかわらず、今回の改正は次のような提案を記している。

従来禁止対象とされてきたのは、「つきまとい」、「粗野・乱暴な言動」、「連続電話」、「汚物の送付」の四類型だったが、これに以下の三類型を加えることが示されている。「監視していると告げること」、「名誉を害する事項を告げること」、「性的羞恥心を害する事項を告げること」。

また、従来の行為類型の中に、一つは、つきまとい等の中に、新たに「みだりにうろつくこと」も加え、もう一つは、連続電話だけでなく、「電子メール・SNSなどの連続送信」も追加する措置が取られる。さらに、罰則も重くする。

今回の法改正によって、報道機関の取材・報道の自由は重大な制約を被る危険が生ずる。従来からつきまといや住居等に押し掛けることが禁止され、張り込みなどの記者の取材活動が制限されるおそれがあったのだが、「みだりにうろつくこと」の追加は、その危険をいっそうさ高めることになる。

さらに、「監視していると告げること」の追加類型の導入は、報道機関の権力監視機能を支える取材そのものを正面から否定しかねない危険な企てである。政治家や役人の不正を報道するために監視を告げ、報道することは報道機関の重大な任務である。条例案では、告げるだけでなく、「知り得る状態に置くこと」でもいいので、取材だけでなく、報道自体も規制の枠に収められる危険がある。また、規制の対象は報道機関にとどまらず、市民団体等による取材や調査も含まれる。

市民の表現や抗議活動にとってもっとも重大な影響を受けるおそれがあるのは、「名誉を害する事項を告げること」の追加類型である。刑法上、名誉毀損罪はある程度厳格に枠づけられ、表現の自由のための免責も定められているのに対して、条例改正案では、公然性（相手と一対一でもよい）や告訴も不要で、社会的評価の低下という物差しなしに主観的な名誉感情の侵害で成立し、真実性の証明等の免責の定めもない。そのため、政治家や官僚、社会的強者に対する批判的な言論や市民のデモ、抗議など正当な言論や活動が規制され、抑圧される危険がある。

さらに、条例案上は、「知り得る状態に置くこと」でもいいと記されているので、ビラやポスター等でも対象となるし、SNSの発信も射程に入る。

当局者側は、条例の規定上、「正当な理由なく」の文言もあるし、濫用禁止の規定あるなどと説明するが、前者は現場の警察官の広範な裁量を縛る手段はなく、後者は具体的な担保や制度抜きでは何の保証にもならないことは言うまでもない。

秘密保護法や共謀罪同様、今回の迷惑防止条例の改正は表現の自由と民主主義を根底から危うくする代物であることは確かだ。

人権条例

東京都は二〇一八年九月一九日、都議会に「東京都オリンピック憲章にうたわれる人権尊重の理念の実現を目指す条例案」を提出し、同条例案は一〇月五日、都議会定例本会議で賛成多数で可決された（以下、人権条例とする）。

人権条例のなかで表現の自由の観点から特に吟味が求められるのは、第三章の差別的言動の解消に向けた取組の推進の部分である。この中で、都は二年前に成立した差別的言動解消法（二〇一六年）に基づき、都の実情に応じた施策を講ずることにより不当な差別的言動の解消を図るとして（八条）、特に差別的言動に関わる二つの取組を設けた。一つは、公の施設の利用制限（一一条）であり、もう一つは、拡散防止措置・公表（一二条など）である。なお、取組の前提となっている「不当な差別的言動」とは、その定義を定めた先の解消法二条をそのまま示しており、同条では、「本邦の域外にある国又は地域の出身であることを理由として、本邦外出身者を地域社会から排除することを扇動する」ものと規定されていたものである。

取組の一つである公の施設の利用制限については、知事は「公の施設において不当な差別的言動が行われることを防止するため、公の施設の利用制限について基準を定める」と記している（一一条）。もう一つの取組である拡散防止措置・公表については、知事は「表現活動が不当な差別的言動に該当すると認めるときは」、「表現の内容の拡散を防止するために必要な措置を講ずるとともに、当該表現活動の概要等を公表するものとする」と定める（一二条一項）。ここでいう「表現活動」とは、集団行進、集団示威、インターネットによる方法「その他の手段により行う」ものとされる（九条二号）。

以上のような取組には、「東京都人権条例に反対する表現・メディア関係有志の緊急アピール」（二〇一八年九月三〇日公表）も指摘するように、表現の自由の観点からみて重大な問題がある。例えば、施設の利用制限についての基準定立が知事に白紙委任されてしまい、「憲法上の集会の自由の重要性とそれを踏まえた地方自治法上の住民の施設利用権保障（二四四条二項）の観点からすれば、差別的言動という名の言論や表現自体を理由に都民会館など公の施設の利用を不許可としたり、制限することは原則許されないと言わなければなるまい」（前記緊急アピール）。

また、拡散防止措置・公表についても、「現行法上、特定個人への権利侵害でカバーされるものは別として、言論や表現の範囲にとどまる限り、行政機関が差別的言動と認定して、必要な措置（掲示物の撤去やインターネット上の書き込みにつきプロバイダーに削除など要請）や表現活動の概要公表などに踏み込み規制することは、表現の自由の観点からみて望ましくない」だろう（同アピール）。

なお、二〇一九年三月二九日、都は公の施設の利用制限に関する基準を策定し、同年四月から運用を開始すると発表した。そこでは、特に、利用制限の要件として、①「ヘイト・スピーチが行われる蓋然性が高いこと」、②「ヘイト・スピーチが行われることに起因して発生する紛争等により、施設の安全な管理に支障が生ずる自体が予測されること」の二つの要件を両方満たした場合に利用制限を行うことができる旨定められた。

さらに、先に記した都の迷惑防止条例改正だけでなく、都の新宿区は、二〇一八年六月二〇日、区立公園の使用基準を見直し（「デモの出発地として使用できる講演の基準見直しについて」）、デモの出発地に出来る区立公園を現在の四か所から一か所に減らすことを決めた。

以上のような状況も念頭に置くと、人権条例は「差別的言論規制だけでなく、権力への批判も含め〝差し障りある〟、〝目障りな〟言論が広く取り締まりの対象とされかねない危惧がある」（同アピール）と受け止めるべきだろう。

2 放送法四条の撤廃問題

二〇一八年三月半ば、安倍政権が放送制度革の方針案を検討していることが明らかになり、メディアで報道された。

伝えられた方針案のポイントは次の通りである。①通信と放送で異なる規制・制度の一本化。放送法四条などの撤廃。放送の著作権処理の仕組みを通信へ展開②放送のソフト・ハード分離を徹底。多様な制作事業者の参入を促す③ＮＨＫは公共放送から公共メディアへ。同時配信などネット活用を本格化。放送内容に関する規律は維持④多様な事業者が競い合いながら、魅力的な番組を消費者に提供できる成長市場を創出⑤傳保放送に過度に依存しない番組流通網の整備により、国民の財産である電波の有効活用が一層可能に。

伝えられる文書の作成主体が明示されていないが、政府内の安倍首相に近いところで準備されたものと考えられる。方針案の中身については、表現の自由と公平原則の関りから言うと、公平原則も含む番組準則を定める放送法四条の撤廃が重要であり、その一方ＮＨＫについては番組準則も含む内容制維持することが示されていることにも留意が必要だ。

放送制度改革のテーマは政府の規制改革推進会議（議長・大田弘子政策研究院大教授）で取り上げることになっていて、会議は当初、放送法四条の撤廃も検討しようとしたものの、放送業界や与野党から批判が出て、同年四月一六日、通信と放送が融合する時代の放送制度の在り方について議論の方向性を決めたものの、四条の撤廃は明示しなかった。

先に示したように、公平原則を定める四条は政権党や政権による放送介入の拠りどころとなる危険をもつ一方で、四条の撤廃は一方的、一面的な報道や党派色の強い番組に傾くことが懸念されるが、撤廃の背景には政府への批判的報道に対する安倍首相の不信感があると指摘されている。そのためには、首相が好むインターネットの「AbemaTV」のような番組作りを念頭に置いていると推測されるので、方針案をあきらめる可能性は難しく、引き続き警戒が求められよう。

3 脅かされる取材と報道

二〇一八年以降、一つはメディアやジャーナリズムの取材の自由に関わる重要な問題がいくつか生ずるとともに、もう一つは市民の表現の自由のあり方が裁判で問われ、司法判断が示される事例が、社会的にも注目を集めた。

官邸の記者会見介入

二〇一八年一二月二八日、上村秀紀・官邸報道室長は、内閣記者会（記者クラブ）宛の異例の申し入れ文書を出した。きっかけになったのは、二日前の同二六日に行われた菅義偉官房長官の定例記者会見で東京新聞・望月衣塑子記者が行った質問に「事実誤認」があったとされたからだった。米軍普天間飛行場の移設に伴う名護市辺野古の新基地建設について、「赤土が広がっている」旨も含むいくつかの質問がターゲットにされた。

申し入れの要点は次の通り。当該記者については、東京新聞側に対し、「これまで累次にわたり、事実に基づかない質問は厳に慎んでいくようにお願いしてき」たにもかかわらず、「再び事実に反する質問が行われたことはきわめて遺憾です」。官房長官記者会見は動画配信・ライブ配信も行われており、「正確でない質問に起因するやりとりが行われたる場合、内外の幅広い層の視聴者に誤った事実認識を拡散されることになりかね」ません。当該記者の「問題行為については、……内閣広報室として深刻なものと捉えており、貴記者会に対して、このような問題意識の共有をお願い申し上げるとともに、問題提起させていただく次第です」。「メディア側におかれても、正確な事実を踏まえた質問をしていただくよう改めてお願いするものです」。

「本件申し入れは、官房長官記者会見における記者の質問の権利に何らかの条件や制限を設けること等を意図したものではありません」とも記されてはいるものの、官邸による記者会見への介入はきわめて重大だ。学者・ジャーナリスト・弁護士らにより公表された「官邸による取材・報道の自由侵害に抗議する緊急声明」（二〇一九年二月一九日）も指摘しているように、「政府の一方的認識を前提として、質問者から寄せられた赤土が広がっているという事実認識を『事実誤認』と断定し、説明を免れ、質問を抑圧することは許されない。これは取材の自由、報道の自由への侵害である。また、事実認識を内閣記者会に共有したいなどとすることは自由で批判的な質問をする記者の官房長官の記者会見からの排除にもつながりかねない」、と考えるべきだろう。

記者会見は、官房長官も含む権力者による一方的な宣伝の場、広報の場であるべきではなく、知る権利に応えて権力を監視し、権力者に説明責任を求めるための取材・報道の場でなければならないとすれば、今回の官邸による申し入れは、記者会見の在り方と根本的に背馳していよう。

旅券返納命令

二〇一九年二月、海外取材に向かうジャーナリストの常岡浩介が外務省から旅券返納命令を受け、羽田空港から出国できないこと（出国禁止）が明らかになった。シリア取材のために旅券返納命令を受けたケース（二〇一五年二月）があることは本書でも既にふれたが（第3章第7節1参照）、今回はこれに次ぐ事例である。

常岡氏は、内戦が続き、飢餓など深刻な人道危機にあるイエメンへの取材を計画し、まず同年一月、陸路によりオマーン経由でイエメンに入ろうとしたところオマーンで入国を拒否され、日本に帰国させられてしまった。そのため、今回は二月、空路によりスーダン経由でイエメンに入るようルートを変え、羽田空港から出発しようとしたところ、冒頭のような事態になったわけである。

返納の理由として、以下のように記されている。「貴殿は、平成三一年一月、オマーン国において入国を拒否され、同国に施行されている法規により、入国を禁止されているため、旅券法第一三条第一項第一号に該当する者となり、その結果、同法第一九条第一項第二号に規定する『一般旅券の名義人が、当該一般旅券の交付の後に、第一三条第一項各号のいずれかに該当するに至った場合』と判断されるに至ったため」。

旅券法は、旅券の返納命令の仕組みを設けていて、外務大臣または領事官は、一定の場合には旅券の返納を命ずることができるとし、その場合の一つとして、前記二号の規定も含まれている（一九条一項）。そして、旅券法は、旅券の発給等の制限について、外務大臣または領事官は、一定の場合には、一般旅券の発給等をしないことができるとし、その場合の一つとして、「渡航先に施行されている法規によりその国に入ることを認められない者」（一号）も含んでいる（一三条一項）。

常岡氏のケースでは、オマーンへの入国拒否のために旅券発給制限条項に該当する結果、返納命令の対象になったわけである。オマーンでの入国拒否の事実は確かだとしても、今回のプランではオマーンを避けスーダン経由でイエメンに入ろうとしたにもかかわらず、返納が命ぜられ、出国が禁じられたことになる。「ジャーナリストへの旅券返納命令の撤回と渡航・取材の自由の確保を求める表現・メディア関係有志のアピール」（二〇一九年四月二四日）でも指摘されているように、経由国でもなく、どこかの国であれ入国拒否を理由に旅券の返納が命じられ、出国が禁止されるという今回のやり方は、返納命令の本来の趣旨を逸脱し、濫用のおそれをぬぐいかねず、取材の自由を著しく狭め、ひいては知る権利を脅かす危険がある。

なお、シリア取材で返納命令を受けたフリーカメラマンのケースでは、返納命令の取り消しを求め提訴がなされたが、最高裁でもカメラマン側の敗訴が確定した（二〇一八年三月一五日、第一小法廷決定）。今回の常岡氏のケースと異なり、そこでの返納命令は、一九条一項四号（「旅券の名義人の声明、身体又は財産の保護のために渡航を中止させる必要があると認められる場合」）に基づいてなされた。

九条俳句裁判

二〇一四年六月にさいたま市の女性が詠んだ俳句、「梅雨空に『九条守れ』の女性デモ」が波紋を広げることになった。九条俳句問題である。作者も参加している三橋公民館（さいたま市大宮区内）の句会で作品は秀句に選ばれたが、公民館は従来の慣例に反して、公平・中立などを理由に『公民館だより』（以下、たよりとする）への作品の掲載を拒否した。慣例では、秀句をたよりに掲載することが三年八か月の間続けられてきた。一年後の二〇一五年六月、作者はさいたま市に二〇〇万円の慰謝料などを求め、さいたま地裁に提訴した。

裁判では、一審さいたま地裁、二審東京高裁とも作者が勝訴し、最高裁でも上告が退けられ、二審判決が確定した。さいたま地裁判決（二〇一七年一〇月一三日）は、作者の思想・信条を理由に掲載しないとの不公正な取扱いをしたことにより、俳句が掲載されるとの作者の期待が侵害され、不掲載は違法であるとして、市に五万円の慰謝料の支払いを命じた。東京高裁判決（二〇一八年五月一八日）は、作者の思想・信条を理由として、たよりに掲載しない不公正な取扱いをしたことにより、人格的利益を違法に侵害され、不掲載は違法であるとして、市に五千円の支払いを命じた。作者、市ともに上告したが、二〇一九年一二月二〇日、最高裁第一小法廷は、両者の上告をともに退ける決定をし、二審東京高裁の判決が確定した。

俳句という市民の表現活動に対して、公民館だよりという表現媒体への「お上」（行政、権力）による掲載拒否（不掲載）が違法であるとする司法判断が確定したことは、特に、表現への規制や制約が強まり、息苦しくなりつつある社会状況を直視するとき、重要で画期的な意味をもつのは確かだろう。

同時に、課題も少なくない。今回の司法判断では、たよりへの俳句の不掲載は表現の自由を侵害するとは判断されていない。例えば、第二審の東京高裁では、「特定の媒体による表現行為の制限が表現者の表現の自由を侵害するというためには、表現者が、当該表現手段の利用権を有することが必要」であり、本件では本件俳句をたよりに「掲載することを求めることができる掲載請求権を有するとはいえない」と判断している。

ただ、秀句が継続的にたよりに掲載されてきた実態に即して考えると、今回の場合だけ表現内容を理由に不掲載とするのはやはり表現の自由の侵害というべきではないか。たよりへの掲載請求権がない以上表現の自由の侵害はないという論理には、たよりの編集権は公民館側にあることが前提とされている。たよりは一般的、商業的メディアと同じでなく、そもそも編集権という概念になじむのか。さらに、たよりは、一般的な広報媒体とも異なり、社会教育つ活動の成果の発表媒体としての性格もあり、掲載請求権の可能性をもつのではないか。

表現の自由の侵害の論点以外にも、たよりへの不掲載がなぜ検閲でないのか、検閲でないとしても表現への事前抑制として重要性、救済手段としての俳句掲載措置の探求など、司法判断で究明できなかった問題が残された。なお、最高裁決定後、さいたま市は俳句の掲載を発表し、現にたよりに掲載されるとともに、作者へも謝罪した。

4　出版の自由とジャーナリズム

出版の自由の試練と課題——出版労連結成60周年に寄せて

出版という仕事、営みにとって、厳しい時代環境になってきた。

憲法二一条は表現の自由の一環として出版の自由を保障しているが、それは出版という形で自由で民主的な市民社会を支え、寄与するためである。出版の自由が本当に意味をもつためには、旺盛な言論、出版活動を展開する前提として、政治や社会に関わる大切な事実や情報が市民社会に提供され、出てくることであり、それを共有した上で、イデオロギーも含む多様な言論が出版の世界で展開され、市民や社会に重要な判断材料を提供することが可能となる。

にもかかわらず、出版を含む言論の前提となる大切な事実や情報が市民社会に出てきにくい構造や装置が立法等で構築されてきた。例えば、秘密保護法である。市民や社会にとって重要な防衛、外交、スパイやテロ防止などの国家の情報が行政機関のトップの判断で特定秘密として指定されて、市民の知る権利や情報公開の及ばない空間が広げられた。事実や情報を十分に享受できず、共有できない出版や言論の活動、それを支える出版の自由は本当に成り立ちうるのかが根もとから問われるべきで、左右のスタンスやイデオロギーの話ではない。プロフェッショナルとしての、仕事の本性に関わる問題だ。

個人情報保護法についても同じような問題をはらんでいる。個人が識別できる情報を個人情報として収集、管理、利用のすべての局面にわたって法的な保護の対象とする立法がつくられたことで、個人情報を収集・管理する公的機関が、「個人情報」の保護を理由に、公務員の不祥事や事件・事故の被害者・犠牲者、医療・福祉・教育に関する情報など公共的な意味をもつ情報が過剰に隠ぺい・隠匿され、いわゆる「匿名社会」が将来することになった。市民社会に大切な情報の一端が出にくくなることで、出版が狭められ、出版の自由の実質が貧しくされかねない。

共謀罪を創設する組織犯罪処罰法改正も出版とその自由に深刻なインパクトを及ぼしかねない。共謀罪とは犯罪の実行行為がなくても犯罪の合意（計画）を犯罪とし、処罰する仕組みだが、それは表現とコミュニケーション、さらにはそれに由来する内心や思想・良心に立ち入り、規制することにほかならず、さらに処罰対象となる計画を探り、確保するために会話や電話などの盗聴を拡大促進し、内偵・協力者の送り込みなど監視を不可避的に加速せざるを得ない宿命を負う。表現の自由やコミュニケーション、内心の自由が脅かされ、市民監視が強められるなかで、自由な出版という仕事は果たして可能なのか。

今後も、本格的な情報・諜報機関の創設を含むもろもろの監視の強化拡大や、自衛隊の明記や表現の自由制限条項新設も含む憲法改正の進展など、出版活動と出版の自由をめぐってさらに厳しい試練に直面することになるだろう。出版はこの試練に耐え抜くことが可能なのか。そもそも、出版の自由の基盤がこれほどまで脆弱になりつつあることに正面から向き合い、危機を感じているのだろうか。何よりも肝要なことは、市民社会にとって出版とは何であり、それを支える出版の自由とは何かにあくまでもこだわり、決して譲らないことではないだろうか。

ほかでもなく出版の自由の中核的な担い手は出版関係者であり、組合はその中で重要な役割を果たすことが期待される。その際、出版の自由に関わる論点や問題は政治的イッシュやイデオロギーとしてではなく、あくまでもプロフェッショナルな、専門的な、職能的な論点や課題として考えるのが筋だと思う。組合は、出版の自由を高く掲げて統制や規制に抗い、自由で民主的な市民社会に寄与する責務がある。

『新潮45』休刊と雑誌ジャーナリズム

『新潮45』二〇一八年八月号掲載の杉田水脈衆院議員による寄稿文(「LGBT支援の度が過ぎる」)が社会的な問題となり、最終的に出版社(新潮社)が雑誌の休刊を決めることになった(同年九月二五日)。

(1) 雑誌ジャーナリズムの世界から見て

新聞の役割は、日々起こっていることをいち早く伝えることにあるといえるが、雑誌はやや違う。速報性だけではなく、とりわけ論争的な問題について、掘り下げ・えぐり出す事実の伝達とともに、それを踏まえて一定のイデオロギーやスタンスから「論」を立てる言論の活動が大切であり、市民社会に「論」が多様多彩に展開されることが大事だ。

だから、媒体を少なくする方向であってはならない。議論を起こすための提起を積極的に広げて豊かにしなければならない。それは、事実を提示し、雑誌ジャーナリズムの重大な使命といってもいいだろう。

(2)『新潮45』休刊の意味すること

市民社会のなかで雑誌は何をしなければならないのか、今回の問題をどうとらえるべきなのか、と考えることが大事だ。休刊により多様であるべき言論の場が少なくなるということは、読者にとっても、作家・表現者にとっても大事な機会と回路が奪われることを意味し、市民社会にとっていいことではない。

販売部数の減少からやむを得ずということでは必ずしもなく、ある種の社会的な制裁や世間からの非難が原因で休刊に至るのは良くない。それは、「とんでもない雑誌だからけしからん」という話ではない。また「右派的傾向の本や雑誌がなくなればいい」という議論もすべきではないだろう。右派や保守系の雑誌も含めて、全体的に雑誌ジャーナリズムがどこを大事にするかというと、市民社会のなかで言論をより自由闊達にし、多様で豊かなものに鍛えていく方向のはずだ。

(3) 今回の問題から学ぶべき点

第一点目は、編集の自律と自立は基本であり大切なことであるが、(新潮社の)他の社員の意見を大事にする視点も欠かせない。もちろん、編集の自由と独立の観点からは、経営から「ああしろ、こうしろ」とやってはいけない。雑誌の中身に関して経営が口を出してはいけない。こうしたことは、編集を支える前提条件だ。

もう一点は、一緒に雑誌の中身をつくってきた作家・書き手の考えも大事にすることである。さらに付け加えると、読者の意向や意思も活かす努力も欠かせない。強靱な編集の自自由を創るには、こうした諸点を大事にすべきだ。

(4) 休刊は責任放棄

今回の問題の発端となったLGBTの問題など、批判的なものであれ同調的なものであれ、何が問題であったのかをやらずに打ち切った（休刊）新潮社の「決定」は問題だ。とりわけ、今回のような論争的な問題の場合、背後の政治性も見据えてしっかりつかむための事実の掘り下げや多様な「論」の提示が必要であったと考える。

5 自民党・憲法改正条文案と表現の自由

憲法改正条文案と表現の自由

自民党は、二〇一八年三月に定期大会を開き、党大会までに、①自衛隊の根拠規定の明記、②緊急事態対応、③参院選の合区解消、④教育の充実の四項目で改憲の条文案の取りまとめを事実上終えた。表現の自由との関係では、二一条そのものの改変が自民党の目指す本丸だが、自衛隊や国防軍などの明記も表現の自由に重大な影響を及ぼすことになる。

二一条そのものの改変は先の二〇一八年の条文案には含まれていないが、第三章で検討したように、二〇一二年公表の自民党「日本国憲法改正草案」では、二一条に「公益及び公の秩序を害することを目的とした活動を行い、並びにそれを目的として結社をすることは、認められない」との新たな規定（第二項）が加えられていた。

二〇一八年の条文案では、自衛隊の根拠規定の明記として、自衛の措置のための「実力組織として、……自衛隊を保持する」と定めている（九条の二、第一項）。なお、第三章でも記したように、二〇一二年の改正草案では、九条に二項の自衛権の規定を新設するとともに、第九条の二で国防軍を明記する条項を追加し、機密保護の法定化（四項）や軍法会議の創設（五項）まで含んでいた。自衛隊明記を含むこのような改憲による軍事や安全保障の強化拡大は、表現の自由や報道の自由にとって無縁でないどころか、重大なインパクトを与える。

すなわち、こうした「国家の安全」に関わる事態は国益や公の秩序の最たるものとして、表現・報道の自由を制限する究極の正当化根拠となるからである。二〇一八年条文案での自衛隊明記やさらには二〇一二年改正草案での国防軍創設により、自衛隊や国防軍に関する批判的言論や抵抗は困難を余儀なくされ、過剰な忖度や自主規制がいっそう蔓延するおそれがある。異議申し立てや違憲を求める裁判も困難を伴わざるを得ないだろうし、教科書や教育でも自由で批判的な論議はより難しくなっていくことが予測される。さらには、二〇一二年改正草案では、軍事秘密の法制化は任意の一立法にとどまらず、憲法上の要請であり、義務でもある。

いずれにしても、軍事情報は聖域化され、知る権利や表現の自由は深く脅かされる危険がある。

人権と表現の自由を脅かす緊急事態条項

憲法改正と表現の自由の一つとして緊急事態条項の論点がある。改憲による緊急事態条項も表現の自由の観点からは吟味が求められる。近時の傾向として、この条項を改憲の手始め、突破口とする動きが急浮上しつつある。背景には、大規模災害などの際に国会議員の「空白」を避けるべく任期の延長を認める必要があるなどの理由のもと、改憲に向けて与野党の合意が取りやすいからとの判断がある。

二〇一八年三月の自民党条文案では、緊急事態対応として、第一に、大震災その他の災害により国会議員の選挙が困難な場合における議員の任期延長と、第二に、同じく災害により法律に代わる内閣による政令制定の二つを提示している。今回の改憲案は後に検討する二〇一二年の改正草案と比べると本格的なプランとは言い難いものの、いくつかの点で留意が求められる。一つに、今回の提案はあくまでも手始めとして提起しているに過ぎず、本丸は第三章で検討した二〇一二年の改正草案にあることである。

もう一つは、表現の自由の観点からは、内閣による法律に代わる政令制定権の危険性についてである。二〇一八年の条文案では政令制定が認められるのは「大震災その他の以上かつ大規模な災害により」場合とされ、あたかも地震等の自然災害だけに限定しているかのように見えるが、国民保護法には「武力攻撃災害」の規定があり、一連の対応措置が設けられている。武力攻撃事態による災害についても国会の法律ではなく内閣の政令で表現の自由や人権を制限できる危険が生ずる。

第2節　社外言論の自由と規律

メディアに関わる「社外活動」や「社外言論」とは、記者等のメディア企業・組織の従業員が社外で行う活動、特にその言論活動を念頭に置き、他所での講演や講義、自社以外のメディアへの出演、執筆、著作などを広く含むものを指している。

二〇一五年末、北海道新聞で記者の社外活動の規制を強める動きが明らかになったが、その後社側からの再提示はなく、事実上撤回されたものの、社外言論をめぐる問題そのものがなくなったわけではもとよりない。ここでは、表現の自由というアングルから、日本社会が向かう言論の自由規制との関り、社外言論の性格と意義づけ、さらには社外言論の規制と規律について、考えてみたい。

1　表現規制のなかの社外言論

この問題を考えるときに欠かせないことの一つは、社外言論を取り巻く言論環境がどうなっているのかという点ではないだろうか。

表現規制を中心に言論の自由について検討してきた立場からすると、個人情報保護法などのメディア規制三法の展開、とりわけ第二次安倍政権以後の特定秘密保護法や共謀罪法の創設などにより官の規制がいっそう進み、市民社会にも忖度や萎縮、息苦しさが見受けられ、この国の言論の自由は痛々しいほど深く広く傷つけられている現実がある。

今後も、本格的な情報・諜報機関の創設を含むもろもろの市民監視の強化拡大や自衛隊の明記、さらには表現の自由制限条項の追加をも含む憲法改正の進展など、さらに厳しい試練に直面するおそれがある。

にもかかわらず、市民社会の担い手である市民やメディアはこの試練に耐え抜くことが可能なのか。そもそも、市民やメディアは市民社会の基盤である言論の自由がこれほどまで脆弱になりつつあることに正面から向き合い、危機を感じているのだろうかとさえ感じるほどである。

社外言論の問題はこういう文脈のなかで位置づけ、考える必要がある。基本的、原則的には、社外言論が向かうべき大きな方向は、規制を拡大し、強化するのではなく、自由を押し広げ、豊かにし、鍛えていくことであり、その努力が日本社会で支配的になりつつある言論の規制と統制に対峙し、異議を申し立て、言論の自由を取り戻すことに寄与するのではないか。

2　社外言論はなぜ大切か

日本社会で言論の自由が脅かされつつある文脈からの意味付けは別にしても、そもそも社外言論は自由や権利などの観点から市民社会にとって大切な意味を持っているように思える。

いうまでもなく、社外言論は言論である以上、憲法が21条で定める、「言論、出版その他一切の表現の自由」の保障を享受することは間違いない。言論・表現の自由は個人の自己充足のためだけでなく、民主主義社会を支え、機能するうえで不可欠な基本的人権であり、重要な憲法的な権利である。

ということは、規制や制限は自明ではなく、社外言論は原則自由でなければならないということであり、規制や制限には言論の自由に勝る、あるいはそれに匹敵する価値があり、しかも必要最小限でなければならないことを、規制する側（メディア企業や公共放送局など）が説明することが求められるということである。

そのうえで、メディアの自由と個人の自由を基本的に区別する発想が大切だと感じる。社内の言論は通常メディアの自由として編集の自由も含め、制度的、組織的、複合的な性格をもつものであるが、社外の言論は基本的に個人としての言論・表現の自由の担い手であるから、言論の自由の観点からいえば、もっとも基本的で、本源的な自由であり、権利であると言える。

もちろん、社外の言論でも、メディアの自由としてカバーされる社内の言論の実質をもつ場面や、記者やジャーナリストである以上、公的な言論には職能的、プロフェッショナルなルールや倫理を踏まえた規律が求められる必要はあるだろう。この点は、本稿で後に社外言論の規律を考える際検討することにする。

次に、記者などの企業・組織従業員の個人としての自由の享受、回復、充実が求められているのではないか、という点だ。日本社会は、端的に企業社会であり、言論の自由も含む憲法の自由や権利は工場の門前で止まってしまうと批判されてきた。

メディアは言論機関、報道機関という性格もあって、言論の自由を含め憲法の自由や権利が保護される度合いは高いかもしれない。とはいえ、基本的には企業で働き、活動する点では同じであり、社の拘束からの自由とプライベートな時間・空間をできるだけ確保し、広げていくことが望ましい。社外言論はその意味でも原則自由を確保することが求められるし、それがメディアの自由としての社内での言論を活性化し、豊かにしていくことにもつながる。

社外言論を確保し、展開していくうえでは、記者等の個人としての言論・表現の自由の充足にとどまらない意味をもつ。社内言論はメディアの自由の担い手としてさまざまなアクターによって分有し、全体として行使される。そのなかで、個々の記者やジャーナリストの言論や報道がそのままとおり、具体化するとは限らない。特に、編集の自由のもと編集権限をもつ者や場合によっては、経営責任者などによって、現場の記者やジャーナリストとは異なったり、ニュアンスが違ったり、ある部分の情報や意見が削られたりなどして、報道の方向や内容が最終的に決められていくことになる。

記者等による社外言論の回路は、最終的に読者や視聴者に伝えられるもの以外に少数意見も含め多様な情報や言論を付け加えることにより、市民により多くの材料と選択肢を提供し、知る権利をより満たすことにもなる。社外言論は、記者個人の権利の充足というだけでなく、市民社会にとって有益なツールとなり得る可能性がある。

3　社外言論と規制

社外言論は言論の自由の観点などから眺めてもとても重要なものであり、原則、自由であることが望ましい。では、社外言論の自由は絶対無制限であるべきなのだろうか。そもそも規制が必要であるとしたらそれを正当化する論理、理屈は何であるのか。さらに、規制の程度や範囲をどのように考えるべきか。さらには、課題としてどのような問題があるのか。

社外言論は原則自由であるからといって一切の規制が許されないわけではないものの、少なくとも編集の自由に起因する編集権限からの制約は原則的に規制を正当する論理にはなりにくい。編集権限による制約は対内言論を対象としてメディアの自由の一環として記者やジャーナリストの報道や言論を正当化できる。もちろん、記者等も限られた範囲、程度で発言や言論を行使できるが、編集の自由の最終的な行使者は編集責任者にある（良心条項のルールなどを除いて）。

社内言論の実質をもつ社外言論は編集権限からの制約を受けうる可能性もあるが、例えば自社以外のメディアへの出演、執筆、著作、講演などの場面では、編集権限による制約というより、労働契約や就業規則の問題として考えたほうがいいかもしれない。ただ、労働契約も就業規則も、労働力の提供を中心にした社内的なルールであるので、社外的な活動や言論それ自体について正当化できる余地は限られているのではないか。

したがって、社外言論等を包括的、一律に禁止したり、過剰な規制を加えるのは、一般企業であっても許されないし、まして言論、報道機関であるメディアでは断じて認めがたい。社名・肩書の使用や職務上知りえた情報の利用などにつき届け出、了解、承認などの規制を加える例が少なくないが、もし認められるとしても、制裁も含む厳格なルール化は過度の委縮を招き、避けることが求められよう。

メディアにおける社外言論の規制について本格的に正当化する論理や理屈はなかなか難しく、限られた範囲と程度で規制せざるを得ず、このことは社外言論が言論の自由の観点からも重要であることに対応していると感じる。

4 社外言論における自由と規律

だが、社外言論は絶対でも無制限でもない。記者等は社内言論として編集の自由も含むメディアの自由の一環としてその自由に与るが、彼、彼女の個人的な言論を提示し、伝えるわけではない。

これに対して、社外言論は個人としての言論・表現の自由を享受し、その権利を行使することができる。社外的な活動や言論であっても、純粋にプライベートで、私的な領域である限り、国法や市民社会のルールに反しない限り、発信や言論は自由である。

しかしながら、公的な言論や領域での社外言論は職能的、プロフェッショナルなルールや倫理が求められてしかるべきだ。これは規制というより、言論の自由とともに、社外言論を根底で支える前提であり、条件でもあるので、これを抜きにメディアの社外言論を考えることはできない。

社外言論は原則自由であることは言論の自由の要請であり、厳格な規制の正当化も難しく、望ましくないことは確かだ。にもかかわらず、社外言論における少なくとも公的な言論や公的な場面、局面では、記者やジャーナリストはジャーナリズムの基本的原則と職能的、プロフェッショナルなルールや倫理を踏まえ、これに従って言論活動を行うことが厳しく求められる。

それは規制というより、基本的にはジャーナリズムやジャーナリストとしての規律であり、自律であって、本来社の枠内の問題でもないはずだ。

社外言論に関わって、メディアの政府審議会への参加の問題がある。政府や自治体の各種審議会に大量に参加するメディアとその関係者の行動は社外言論の一つの側面でもある。

審議会政治の手法は、統治の不可欠のプロセスであり、重要な要素であり、統治の一環であるにもかかわらず、審議会に参加するメディア関係者は権力をチェックし、監視する立場から報道する観察者としてではなく、自ら政治の当事者であるアクターとして統治にコミットし、関与することになる。

ジャーナリズムの原則的観点から、権力や政治からの独立と自立のために、審議会への参加に批判的な姿勢を堅持するメディアはまったくの少数にとどまり、圧倒的多数のメディアとメディア関係者は何の疑問も抱くことなく参加を続けているのが実情である。

そこでの発言も含むメディア関係者の審議会への参加は、権力や政治の当事者、アクターになることを意味し、権力の監視を本務とするジャーナリズムの原則に反しする。また、権力や政治からの独立と自立を大切にする職能的、プロフェッショナルなルールや倫理を踏みにじる恐れも強い。社外言論の観点からみても、そうした参加は原則的として許されず、正当化するのは難しい。

第3節　公文書の隠ぺい・改ざんと改革の課題

二〇一七年から二〇一八年を中心に近年、森友問題に関わる財務省の公文書改ざん、加計問題関係文書や自衛隊「日報」の隠ぺいなど一連の出来事が次々に生じ、この国の情報公開や民主主義のあり方が問われている。そもそも一体、情報は誰のものであるのかが、改めて根源的に問い直される深刻な事態だ。

森友、加計、自衛隊の「日報」などに関わる改ざん、隠ぺい、廃棄、虚偽報告など深刻な不正に対応して、公文書の管理や改善をめぐり政府はどのような取り組みをし、また野党はどういう提案をしてきたのか。この問題に深くかかわる公文書管理法につき、どういう態度を取り、どういう改革を探求しようとしているのか。

公文書管理法は国の役所による公文書（行政文書）の作成・取得、管理・保存、国立公文書館への移行や公表などを定めるもので、二〇〇九年に制定された。それに先立つ情報公開法（一九九九年制定）とともに、民主主義の両輪として支えることが期待されるものである。

1　政府の取り組み

この間の一連の事態を踏まえて、政府は公文書管理法そのものの改正という方法は避け、行政文書取扱いの運用指針の改正や行政レベルでの改善の取り組みで対処しようとしているのが見て取れる。

例えば、二〇一七年一二月、政府は行政文書の管理に関するガイドラインを改正した（これに基づき、すべての府省庁が行政文書管理規則を改定した）。改正は多岐にわたるが、主なポイントを拾い上げると次のようなものが含まれる。

第一に、一定の文書の作成が義務付けられることになった。具体的には、行政機関内部の打ち合わせや行政機関外部の者との折衝等を含め、政策立案や事務・事業の実施の方針等に影響を及ぼす打ち合わせ等の記録について文書を作成することとされた。ただし、作成に際しては、正確性を確保するため、複数の職員による確認を経た上で、文書管理者が確認することを要したり、行政機関外部の者との打ち合わせ等の記録作成にあたっては行政文書を作成する行政機関の出席者による確認を経るとともに、相手方による確認等により正確性の確保を期することを要するとされた。また、相手方の発言部分等について記録を確定し難い場合は、その旨を判別できるように記載するとされた。

第二に、保存期間に関する行政文書の扱いについて、以下のように新ルールが定められた。①意思決定過程や事務・事業の実績の合理的な跡付け検証に必要となる行政文書については、原則一年以上の保存期間を設定、②示された七項目の文書（例えば、「定型的・日常的な業務連絡、・日程表等」、「所掌事務に関する事実関係の問い合わせへの応答」など）については、保存期間を一年未満とすることができると限定、③通常は一年未満の保存期間を設定する場合の行政文書であっても、重要又は異例な事項に関する情報を含む場合など、合理的な跡付けや検証に必要となる行政文書については、一年以上の保存期間を設定、④廃棄につき、保存期間を一年未満とする行政文書ファイル等であって、先の②の七項目に該当しないものについては、どのような業務に係るものについていつ廃棄したのかを記録し、一定期間ごとに一括して公表、⑤合理的な跡付けや検証に必要となる行政文書であって、随時内容が更新される行政文書については、更新のどの過程にある文書か、また、作成時点や作成担当を明示。

第三に、保存について、合理的な跡付けや検証に必要となる行政文書に該当する電子メールについては、原則として作成者又は第一取得者が速やかに共有フォルダに移すこととされる一方、個人的な執務の参考資料については、個人フォルダに置く旨を徹底することが記されている。

ガイドライン改正後、自民、公明両党の公文書管理の改革に関するワーキングチームは二〇一八年七月六日に、公文書管理の改革に関する最終報告をまとめ、安倍晋三首相に提出した。その中には、以下のような対策が含まれる。

①公文書管理のガバナンスを強化するため、内閣府に公文書管理法に定める内閣総理大臣のチェック権限を担い行使する独立したハイレベルの政府ＣＲＯ（チーフ・レコード・オフィサー）の新設、および各府省にも政府ＣＲＯと連携し各府省の文書管理を徹底するＣＲＯの新設、②政府ＣＲＯおよび

各府省CROを中心とする公文書管理専属の公益通報窓口の新設、③電子文書についての体系的で分かりやすい共有フォルダ構造の構築、④決裁後の修正禁止の再確認、⑤人事院の「懲戒処分の指針」に「公文書に関する不適切な取り扱い」を重大な非違行為として明記、また厳しい処分基準の設定化。

報告を受けて、安倍首相は二〇一八年七月二〇日に閣僚会議を開き、内閣府の独立公文書管理監を政府CROとし、各府省には公文書管理監（各府省CRO）を配置するなどの再発防止策を決めた。

2　公文書管理法の改革提案

しかしながら、公文書管理法には改善の余地を残すものも少なくないため、今回の事態においても法の精神を歪め、違法、不当に悪用される可能性もある。そこで、野党の側は運用指針や行政レベルの対策の改善、改革ではなく、正面から公文書管理法をはじめとする法の改正を提案することになった。例えば、立憲民主党など野党が共同して公文書管理法の改正案を衆院に提出してきた（二〇一七年六月九日、さらに一二月五日、および二〇一八年五月一七日の各改正法案）。

二〇一七年一二月五日提出の改正案では、以下のようなポイントが含まれている。①議事録の作成、公表について、閣議、閣僚会議、NSC、省議、審議会の議事録の作成義務の明記、議事録への開催時期、出席者等の記載の明記、および議事録の三〇年間を超えない範囲での一定期間後の原則公開化、②行政文書の定義の見直しにつき、行政文書の要件のうち、「当該行政機関の職員が組織的に用いるもの」の箇所の削除、③行政文書の保存期間について、電磁的記録である行政文書および当該行政機関以外の者と接触した記録の行政文書の保存期間を「一年未満」とすることができない旨の義務付け、また保存期間が一年以上である行政文書ファイルの行政文書ファイル管理簿への記載対象である旨の明記、④行政文書ファイルの作成関連規定の整備について、行政文書ファイルにまとめる行政文書に関し、「保存期間を同じくすることが適当であるものに限る」と限定する旨の文言の削除、また行政文書ファイルの保存期間を、行政文書ファイルにまとめられた行政文書のうち最も保存期間が長いものの保存期間とする旨の規定化、⑤行政文書ファイル廃棄の手続きの厳格化について、保存期間が満了した行政文書ファイルであって、なお現に移管され、又は廃棄されていないものについては、保存期間が満了していないものとする旨の規定化、など。

さらに二〇一八年五月一七日提出の改正法案では、次のような改正項目が示されている。①決裁文書の改ざんの原則禁止と違反者への罰則規定設定、②電子決裁の義務化と決裁文書の電子媒体への保存の義務付け、③公文書管理の適正さを監視する独立性の高い「独立公文書監視官」の内閣への設置、④公益通報者の保護の規定設定など。以上のような公文書管理法等の改正とともに、会計検査院の機能を強化する会計検査院等改正案も提案されている。

3　公文書管理の改善・改革の進展と課題

それでは、公文書の改善・改革はどこまで進み、なお克服すべき課題や方向はどういうものか。

政府サイドの取り組みとして公文書管理のガバナンスの強化を含め、一連の改善策が提示され、一部実現されつつあるほか、特に行政文書管理ガイドラインの改正により改善が進んだのは事実だ。この点では、政策立案や事務・実施の方針に影響を及ぼす打ち合わせ・折衝等の文書作成の義務付けなどとともに、とりわけ保存期間に関する行政文書につき厳格なルールが設けられ、意思決定過程や跡付け検証に必要な文書は原則一年以上の保存期間を設定して、一年未満の文書を限定するなども含め、保存を強める措置が用意された。これにより、一年未満の保存期間ということを理由にして、運用された自衛隊の日報や解釈・廃棄された財務省の森友学園との交渉記録などのように、官庁による不都合な情報隠ぺいや操作をしにくくなったのは疑いない。

ただし、改正されたガイドラインでは、先に見たように、一定の重要な文書の作成が義務付けられる一方で、正確性の確保を理由に、複数の職員の確認や文書管理者の確認、行政機関の外部の者との打ち合わせの際の相手方による確認などが求められていて、文書が制限され、自由闊達な記録が残せない懸念があるし、他に残された問題や課題も少なくない。

公文書管理改革に正面から取り組むためには、運用指針としてガイドラインに加えて、立憲民主党など野党が共同して提出してきた公文書管理法改正案のような取り組みが欠かせない。決裁文書の改ざん禁止や違反者への罰則、広範な機関の議事録の作成公開化、行政文書の保存期間のルールの厳格化などのほか、特に、現行の「組織的に用いるもの」とする行政文書の要件からの削除が重要である。加計問題や自衛隊日報問題、森友問題などで個人文書、私的メモ、個人メモなどの名目で重要な情報が公文書から外す口実に援用されかねなかったからである。

田島　泰彦（たじま・やすひこ）

［略歴・著書等］
1952年、埼玉県秩父生まれ。上智大学法学部卒業、早稲田大学大学院法学研究科博士課程単位取得満期退学。憲法・メディア法専攻。神奈川大学短期大学部教授などを経て、1999年～2018年まで上智大学文学部新聞学科教授。現在、早稲田大学法学部・同大学院法学研究科・同法科大学院各非常勤講師。放送と人権等権利に関する委員会（BRC）委員、毎日新聞「開かれた新聞」委員会委員なども歴任。単著に『人権か表現の自由か』（日本評論社、2001年）、『この国に言論の自由はあるのか』（岩波書店、2004年）。共著に『メディア規制とテロ・戦争報道』（明石書店、2001年）、『逐条解説特定秘密保護法』（日本評論社、2015年）、『権力 vs 市民的自由』（花伝社、2018年）など。編著に『個人情報保護法と人権』（明石書店、2002年）、『表現の自由とメディア』（日本評論社、2013年）、『物言えぬ恐怖の時代がやってくる』（花伝社、2017年）など。共編著に『現代メディアと法』（三省堂、1998年）、『表現の自由とプライバシー』（日本評論社、2006年）、『秘密保全法批判』（日本評論社、2013年）、『秘密保護法　何が問題か』（岩波書店、2014年）ほか多数。

表現《ひょうげん》の自由《じゆう》とメディアの現在史《げんざいし》
統制される言論とジャーナリズムから遠ざかるメディア

2019年 6 月25日　第 1 版第 1 刷発行

著　者――田島泰彦
発行所――株式会社　日本評論社
〒170-8474 東京都豊島区南大塚3-12-4
電話03-3987-8621（販売：FAX－8590）
03-3987-8592（編集）
https://www.nippyo.co.jp/　振替　00100-3-16
印刷所――精文堂印刷株式会社
製本所――井上製本所
装　丁――銀山宏子

ISBN978-4-535-52435-4　Printed in Japan